Der alte Mann und sein inneres Kind

Uwe Böschemeyer

Der alte Mann und sein inneres Kind

Das Leben wirklich leben

BENEVENTO

SALZBURG – MÜNCHEN

FSC
www.fsc.org
MIX
Papier aus verantwortungsvollen Quellen
FSC® C014138

1. Auflage

Medieninhaber, Verleger und Herausgeber:
Red Bull Media House GmbH
Oberst-Lepperdinger-Straße 11–15
5071 Wals bei Salzburg, Österreich

Satz: MEDIA DESIGN: RIZNER.AT
Gesetzt aus der Minion Pro, Book Antiqua
Umschlaggestaltung: b3K design, Andrea Schneider, diceindustries
Umschlagmotiv: © Quint Buchholz, Vier Stühle (2004)
Printed in the Czech Republic

ISBN 978-3-7109-0026-6

Für Yara und Mika

Wir träumen von Reisen durch das Weltall:
ist denn das Weltall nicht in uns?
Die Tiefen unseres Geistes kennen wir nicht. –
Nach Innen geht der geheimnisvolle Weg.
In uns, oder nirgends ist die Ewigkeit mit ihren Welten,
die Vergangenheit und Zukunft.

Novalis

Inhalt

Vorwort

Da ist etwas im Menschen, das es nur einmal im Leben gibt. Ich nenne es das innere Kind. Dieses Etwas ist unvergleichlich, unverwechselbar, einzigartig. Sie und ich und wir alle miteinander sind einmalig. Das ändert sich auch nicht, wenn wir heranwachsen – in welcher Umwelt auch immer – und irgendwann, wie man sagt, erwachsen sind. Das Einmalige in uns bleibt. Wie wir aber mit dem Einmaligen in uns umgehen, bestimmt wesentlich den Verlauf unseres Daseins und bildet das innere Kind in uns aus. Ob wir uns mögen oder uns ablehnen; ob wir das Leben bejahen oder es verachten; ob wir stark sind oder schwach – das innere Kind beeinflusst weite Bereiche unserer Seele, vielleicht sogar bis zum Tod.

Es gibt viele Wege, das eigene innere Kind kennenzulernen: Sie können zum Beispiel in ruhigen Stunden Ihr ganzes Leben aufschreiben oder es einem Freund erzählen. Sie können meditierend nach Ihrem inneren Kind fragen. Es gibt Träume, die Ihnen Aufschluss über Ihr inneres Kind geben. Ein anderer Weg, es kennenzulernen, sind Wertimaginationen: bewusste »Wanderungen« ins Unbewusste. Und wann immer wir dem inneren Kind begegnen, berührt es uns. So kann es sein, dass uns bei einer Wanderung in die Tiefe ein fröhliches und gesundes Baby begegnet, das unsere eigenen Gesichtszüge trägt. Es kann aber auch sein, dass uns ein trauriges, von uns abgewandtes Kind zu Tränen rührt.

Von Henry ist in diesem Buch die Rede. Henry kam mir in den Sinn, als ich mich mit diesem Buch zu beschäftigen begann. Er hatte sich vorgenommen, nach seinem siebzigsten Geburtstag Rückschau auf sein bisheriges Leben zu halten. Er kannte keine Methode, die ihm seinen Weg zurück hätte öffnen können. Die ungewöhnlichen Bilder empfand er als Geschenke aus dem weiten Raum seiner Erinnerungen. Es gab jedoch immer wieder Anlässe, die ihn scheinbar unmittelbar mit früheren Erlebnissen verbanden. Ein Beispiel: Aus der Bar des Hotels weht der Wind einen Tango zu ihm hoch auf seinen Balkon. Einen Augenblick lang hört er dem Tango zu. Dann entführt ihn seine Erinnerung in den Ballsaal seiner Heimat, in dem er mit seiner Frau zärtlich den ersten Tango tanzte.

Oder: Im Anfangskapitel dieses Buchs sieht der alte Henry von seinem Balkon aus einen zehnjährigen, Muscheln suchenden Jungen. Magisch von ihm angezogen verfolgt Henry den Weg des kleinen Muschelsuchers, ehe ihm einfällt, dass er selbst auch einmal als Junge an diesem Strand Muscheln gesucht hat. Henry bemerkt nicht, wie sein Blick über den Jungen am Strand hinausgeht und er sich als zehnjähriger Junge im Garten seiner Eltern wiederfindet. Auch Bernhard, sein bester Freund ist da – und Karlchen, der Junge von nebenan, den Harry beschützte, wie später viele andere, die nicht stark genug fürs Leben waren.

Immer wieder erlebt Henry bei seinem Rückblick auf sein alt gewordenes Leben, wie seinen bewussten Erinnerungen jene folgen, die ihn aus der gegenwärtigen Zeit heraus in die frühere leiten. Und ihm geht auf, dass sich ein großer Zusammenhang entwickelt hat zwischen damals und heute, ja dass vieles, was er erlebt hat, durch sein früheres Leben vorgeformt war.

Am Ende der Rückschau auf sein Leben ist Henry zufrieden, zufriedener gewiss als viele Menschen heute. Dieses Gefühl steigert sich noch dadurch, dass er den weiten Raum seiner verinnerlichten Erfahrungen zu öffnen wagte, sodass die vielen schönen und wertvollen Stunden seine Gegenwart bereichern konnten.

Nein! Unsere innere Welt ist nicht nur von Bildern ausgefüllt, die unser Lebensgefühl verdunkeln. Da sind, wenn wir denn zur Suche danach bereit sind, viele Erinnerungen, die hell aus dem Dunkeln hervorragen. Lassen Sie sich darauf ein, auf Henrys, auf Ihre Wanderung durch die Zeit, auf ein Gespräch mit Ihrem inneren Kind.

Der Junge am Meer

Es ist der erste Tag in den Ferien. Henry sitzt auf dem Balkon seines Hotels und schaut aufs Meer. Fünf Wochen Urlaub liegen vor ihm. Seit zwanzig Jahren verbringt er seine Ferien hier in diesem Hotel. Allein. Seine Frau ist vor zwanzig Jahren verstorben. Er ist vor Kurzem siebzig geworden. Man hat ihn gefeiert. Einige Gäste haben ihn seit Jahren nicht mehr gesehen und über sein »jugendliches« Aussehen gestaunt. Zum Nachdenken ist er bislang nicht gekommen. Dabei hat er sich fest vorgenommen, nach dem Fest noch einmal sein ganzes Leben an sich vorbeiziehen zu lassen. An diesem Morgen jedoch findet er nicht die Ruhe, die er sich dafür gewünscht hat.

Nicht dass es im Hotel zu laut wäre – es ist unruhig in ihm.

Von seinem Balkon aus sieht er aufs Meer. Graue Wolken ziehen über den Himmel, als wären sie vor etwas auf der Flucht. Dann wieder brechen sich ein paar Sonnenstrahlen Bahn, aber nur für kurze Augenblicke. Das Meer ist etwas unruhig. In der Ferne schlagen die Wellen ans Ufer, sie sind nur leise zu vernehmen. Kein Mensch ist zu sehen. Keine Möwe kreischt. Henry fühlt sich ein wenig melancholisch, obwohl er, wie er meint, keinerlei Anlass dazu hat. Wie schön war sein Geburtstag gewesen! Die Gäste waren bester Laune. Viele Freundlichkeiten waren ihm entgegengebracht worden. Er fühlte sich jung. Er lachte viel. Auch die Jungen suchten das Gespräch mit ihm. Schön war es, rundum schön.

Er schließt die Augen und überlässt sich seinen Erinnerungen an den festlichen Tag. Vor seinem inneren Auge sieht er die Gäste wieder, so nah, als ob die Zeit stehen geblieben wäre. Nein, Melancholie will er heute keinesfalls aufkommen lassen, das wäre diesem Festtag, überhaupt dem Leben gegenüber nicht angemessen.

Henry war ein erfolgreicher Geschäftsmann, konnte seine Firma vor fünf Jahren seinen tüchtigen Söhnen Andreas und Ingo überlassen. An seinen vier Enkeln hatte er viel Freude. Dass seine Frau vor zwanzig Jahren an Krebs gestorben war – das ist es, was immer noch wehtat. Sie hatten eine glückliche Ehe geführt. Wären nach ihrem Tod nicht seine Söhne und Freunde gewesen … Aber sie waren da – und sind es noch immer!

Er steht auf, ergreift das hölzerne Geländer des Balkons und sagt mit lauter Stimme »Jawoll!« – ein Wort, das ungewöhnlich für ihn ist, ein Ausruf, der ihm etwas peinlich ist. Er sieht nach rechts und links zu den nachbarlichen Balkonen, um sich zu vergewissern, dass ihn niemand gehört hat.

Dann sieht er den Jungen. Er geht langsam am Strand entlang. Er scheint das Meer gar nicht zu beachten, auch nicht die anderen Spaziergänger. Offenbar sucht er etwas Bestimmtes. Seine Schritte wendet er mal nach rechts, mal nach links. Vermutlich sucht er nach Muscheln. Henry beobachtet ihn aufmerksam. Er scheint nicht älter als zehn Jahre zu sein. Zehn Jahre? Hatte nicht auch er damals – also vor sechzig Jahren! – Muscheln an diesem Strand gesucht? Damals, in den Sommerferien mit seinen Eltern? Er erinnert sich an eine große weiße Muschel. Er hatte in sie hineingehorcht und war fasziniert gewesen von dem aus der Tiefe dringenden Rauschen.

Henry verliert den Muschelsucher aus den Augen, sein Blick wandert über den Strand hinaus und verliert sich in der Weite des Horizonts. Er bemerkt nicht, wie sich seine Augen schließen. Er schläft nicht, doch er vergisst seine Umgebung. Er träumt nicht, aber es ist ihm, als hole seine Seele ihn weit zurück in eine frühere Welt.

Er sieht einen Jungen in einem großen Garten. Der Junge spielt mit einem anderen Jungen Ball. Der mit der Lederhose – das ist doch er selbst! Ja, tatsächlich! Er trägt ein rotes Hemd und einen auffälligen Gürtel um seine Hose. Sein volles Haar fällt ihm ins Gesicht. Er lacht. Der Junge im Garten ruft etwas. Henry versteht es nicht. Da formen sich seine Lippen zu einem Ruf. »Henry, Henry!«, ruft es in ihm – aber der Junge hört ihn nicht.

Dann geschieht etwas Seltsames: Der alte Henry sieht sich selbst im Garten – und spielt mit! Er lupft den Ball leichtfüßig hoch und schießt ihn einem anderen Jungen zu. Der andere – das ist ja Bernhard! Bernhard, sein bester Freund! Bernhard war für ihn wie ein Bruder gewesen. Es gab kaum einen Tag, den die beiden nicht miteinander verbrachten. Auch in der Schule saßen sie nebeneinander. Dann zog es Bernhard ins Ausland. Aber die Beziehung hielten beide aufrecht – bis zu Bernhards Tod vor zwei Jahren. Ja, hätte es diesen Freund nicht gegeben, sein Leben wäre ärmer gewesen. Auf Bernhard war immer Verlass gewesen.

Da ist noch jemand im Garten: ein Junge, kleiner als Henry und Bernhard, mit rotblondem Haar. Er scheint nicht zu den beiden zu passen. Sein Haar sieht unordentlich aus, seine Hose könnte sauberer sein. Das ist doch der Karl aus der Nachbarschaft, dessen Mutter die drei Kinder allein erziehen musste! Der Vater hatte die Familie früh verlassen. Henry hatte für Karl, den er liebevoll Karlchen nannte, eine Schwäche – wie überhaupt für solche Kinder, die von anderen nicht ernst genommen wurden und sich nicht wehren konnten. Deshalb durfte Karl mitspielen, wann immer er wollte. Wenn ein anderer

Junge sich über ihn lustig machte, baute sich Henry vor ihm auf, streckte die Brust nach vorn, schaute ihn herausfordernd an, ohne ein Wort zu sagen. Das genügte.

Ein lautes Geräusch vom Balkon nebenan holt Henry aus der Welt seiner Kindheit zurück. Etwas ungläubig reibt er sich die Augen. Merkwürdig, murmelt er, was war das eben? Bin ich verwirrt? Wohl kaum, ich habe das doch alles mit eigenen Augen gesehen: die Jungs, mich selbst, den Garten, Bernhard und Karl, das Spiel. Oder habe ich geträumt? Er spürt wieder seine Zweifel. Nein, sagt er zu sich selbst, ich habe das alles wirklich gesehen!

Die Glocke des Kirchturms schlägt zwölf Mal. Der Wind weht vom Meer her. Ihn fröstelt. Er holt eine warme Decke aus seinem Zimmer und deckt sich wohlig zu. Der Muschelsucher fällt ihm wieder ein. Ob er noch da ist? Henry steht auf und sucht den Strand ab. Da! Da ist er. Seine Konturen sind zwar nur noch verschwommen zu sehen, aber Henry erkennt, dass sich der Junge immer wieder nach rechts neigt, dann wieder nach links und so fort. Er ist ganz in die Muschelsuche vertieft.

Wie war es denn damals bei uns zu Hause, als ich zehn Jahre alt war? Habe ich, wie dieser Junge hier am Meer, auch nach etwas gesucht? Eigentlich nicht. Jeder neue Tag war einfach da, war anders als der vorige, obwohl sich das meiste wiederholte: spielen, Schule, Schularbeiten, mit dem Cello musizieren, Wanderungen, mit anderen Jungs auf der Schulmauer sitzen und plaudern.

Und, oh ja! Jeden Tag freute er sich auf seinen Vater, der pünktlich um halb sechs nach Hause kam und ihn zur Begrüßung freundschaftlich boxte. Das war ihr gemeinsames Ritual! Wenn es seinem Vater möglich war, ließ er sich von der Schule erzählen. Überhaupt interessierte ihn alles, was sein Sohn am Tag erlebt hatte. Manchmal sah Henry seinen Vater nur an und wusste, dass alles gut war, dass nichts Schlimmes passieren konnte und dass das Leben schön war.

Nur eines vermisste Henry. Gern hätte er mehr Zeit mit ihm verbracht, mehr mit ihm gesprochen, ihm Fragen gestellt, seine Hand gehalten. Aber Henry wusste, dass die Arbeit den Vater daran hinderte. Als sein Vater ihm einmal vorschlug, gemeinsam Kanu zu fahren, war Henry überglücklich. Den ganzen Tag waren sie unterwegs. In der Mittagszeit aßen sie Brote und legten sich danach unter einen großen Baum, Hand in Hand. Am Abend schlang Henry seine Arme um Vaters Hals, sagte nichts und konnte nicht aufhören, ihn zu drücken. Als seine Mutter das sah, wischte sie sich eine Träne aus dem Gesicht.

Einmal geschah etwas Ungewöhnliches. Vaters Züge sahen seltsam aus, als er an einem Sommerabend verspätet nach Hause kam. Henry erkannte deutlich seine feuchten Augen, aber er wagte nicht, ihn darauf anzusprechen. Erst am späten Abend erzählte er, was vorgefallen war: Als er das Werk verließ, sah er, wie zwei Mitarbeiter aufeinander einschlugen. Beide bluteten. Vater ging auf sie zu, aber deren Blick warnte ihn, sich ja nicht einzumischen. Vater war erschüttert über den Streit, erschüttert aber auch über sich selbst, dass er sich von den beiden Männern hatte abweisen lassen. Ungerechtigkeiten und vermeidbare Schwächen waren für Henrys Vater schwer zu ertragen. Am nächsten Morgen ließ er die beiden in sein Büro kommen, erkundigte sich nach dem Grund ihres Verhaltens und verhalf beiden wieder zu einem kollegialen Verhältnis.

Und seine Mutter? Henry sieht sie deutlich vor sich. Sie trägt, wie so oft, eine blaue Schürze. Ihr schönes Haar hat sie am Hinterkopf zu einem großen Knoten gebunden. Sie sieht Henry an, breitet die Arme aus und ruft: »Henry, mein Junge!« Der alte Henry kann nicht verhindern, dass ihm Tränen in die Augen steigen. Seine Mutter sprach nie viel mit ihm über das Leben. Und wenn sie es tat, dann behutsam, nie belehrend, immer ermutigend. Henry dachte an ein Basketballspiel, er hatte damals keinen guten Tag gehabt. Nach dem Spiel hatte einer zu ihm gesagt: »Weißt du eigentlich, dass du 'ne Null bist!« Einen Augenblick lang hatte Henry den Impuls, auf den anderen loszugehen. Dann drehte er sich um und ging. Irgendwann erzählte er seiner Mutter von dem Vorfall. Sie legte sanft ihre Hand auf die seine und sagte: »Weißt du, Henry, das wird nicht das letzte Mal sein, dass dich ein Mensch verletzt. Doch immer dann, wenn jemand zu dir etwas derart Kränkendes sagt, kannst du sicher sein, dass der andere sich im Grunde selbst nicht mag.« Sie lächelte ihn an und machte ihn auf eine Radiosendung aufmerksam, die am Abend laufen sollte. Er vergaß ihre Worte nie.

Seine Mutter hatte so etwas wie eine leise Klugheit. Sie war, wie Vater sagte, die »Stille im Lande«. Aber sie war stets präsent, besonders dann, wenn es in der Familie um etwas Wichtiges ging. Sein Vater hatte einmal einen »bösen« Brief vom Finanzamt erhalten, Mutter bemerkte, wie seine Hände zitterten. Wie es ihre Art war, ging sie ruhig auf ihn zu, las ein paar Zeilen des Briefes und legte ihre Hände ganz ruhig auf die ihres Mannes. Sie sah ihn an und fragte mit leiser Stimme: »Ist der Brief deine Aufregung wert?« Henry stand neben seinen Eltern und fand seine Mutter »einfach toll«. Vermutlich war sie es, die das Kunststück fertigbrachte, dass die beiden – soweit Henry wusste – niemals miteinander stritten.

»Einfach toll« fand Henry auch seinen letzten Klassenlehrer in der Schulzeit. Zweifellos mochte er Henry. Aber wenn er schwatzte, wurde er ebenso streng ermahnt wie alle anderen. »Der alte Lademann«, sagt Henry und lächelt. Er schließt die Augen und sieht ihn vor sich: Sein schlohweißes Haar hatte er lang wachsen lassen, seine dunklen Augen waren voller Klarheit und Güte. Seine Hände schienen seinem Alter nicht zu entsprechen, sie zeigten kaum braune Flecken. Viel wichtiger aber war für Henry, dass er – darüber sprach er mit niemandem, auch nicht mit Bernhard – einmal so werden wollte wie Herr Lademann. Warum eigentlich? Henry überlegte lange, dann wurde es ihm klar: Herr Lademann war, so hatte es einmal sein Vater ausgedrückt, die personifizierte Wahrhaftigkeit und Güte. Henry ließ sich viel Zeit für diese Erinnerung an seinen früheren Lehrer, der sein Leben lang sein geheimes Vorbild blieb.

Später, kurz vor der Matura, fragte Henry seine Mutter, warum er keine Geschwister habe. Sie sah ihn zunächst nicht an, schien abwesend zu sein. Er wollte sich für seine Frage entschuldigen. Doch sie lächelte ihn an und sagte nur: »Wir wollten so gern … Aber ich konnte kein zweites Kind bekommen … Ist schon seltsam: Manchmal bleibt gerade der stärkste Wunsch im Leben unerfüllt.« Henry wollte etwas Tröstendes sagen, aber Mutters bittender Blick ließ ihn schweigen. Einige Zeit später kam Henry noch einmal auf das Gespräch zurück. »Sag mal«, begann er, »habt ihr nie daran gedacht, dass ich in meinem Kinderzimmer ziemlich allein war? Ich weiß, mir hat es an nichts gefehlt, aber trotzdem …« Seine Mutter sah ihn jetzt offen an und antwortete: »Und ob wir daran gedacht haben! Aber wir wollten es nicht wagen, ein Kind zu adoptieren, dessen Herkunft uns unbekannt gewesen wäre.« Henry sagte nichts, murmelte etwas und ging nachdenklich in sein Zimmer.

Henry wartet auf die Sonne. Deshalb bleibt er auf dem Balkon sitzen. Meine Kinderjahre ... Da waren die Kinderkrankheiten. Sie gingen rasch vorüber. Hin und wieder gab es Streit mit einem Mitschüler. Ein anderes Mal ohrfeigte ihn eine Lehrerin so heftig, dass er Mühe hatte, sich zu beherrschen. Doch es gelang ihm. Erst danach fiel ihm der Satz seiner Mutter wieder ein, dass, wer andere verletzt, sich selbst nicht mag. Gab es sonst noch etwas, woran er sich erinnern sollte? Er legt beide Hände unter sein Kinn, stützt die Arme auf den Balkon und sagt leise vor sich hin: »Es war schon alles sehr schön«, und, als ob er es bekräftigen müsste: »Tatsächlich sehr schön, die Zeit zu Hause.«

Das Schönste im Jahr war der Heilige Abend. Das ganze Haus war festlich geschmückt. Um fünf Uhr läuteten die Glocken von Weilershausen, dem kleinen Ort, der bis heute seine Heimat war. Die Menschen strömten in die Kirche, seine Eltern taten es nicht. Irgendwann hatte Henry seinen Vater nach der Bedeutung von Weihnachten gefragt. Sein Vater hatte sich geräuspert und gesagt, das sei ein Familienfest. Henry hatte die Antwort nicht genügt. »Und was hat das mit Gott zu tun?«, erkundigte er sich und bemerkte wohl, dass sein Vater rasch ungeduldig wurde. Henry hatte im Religionsunterricht davon gehört, dass Weihnachten mit Gott zu tun habe, weshalb er von seinem Vater Genaueres darüber erfahren wollte. Der aber sagte nur: »Junge, merkst du nicht, dass ich zu tun habe? Wir sprechen ein anderes Mal darüber.« Das andere Mal kam nie.

»Das darf doch nicht wahr sein«, sagt Henry plötzlich und richtet sich auf. »Wie konnte ich das nur vergessen?« Seine Eltern hatten ihm, als er neun Jahre alt war, zu Weihnachten ein kleines Cello geschenkt. Kurze Zeit später hatte er mit dem Unterricht begonnen. Nach wenigen Monaten spielte er so gut, dass er ins Schulorchester aufgenommen wurde. Henry liebte sein Cello. Niemand musste ihn zum Üben ermahnen.

Auch in späteren Jahren verging keine Woche, in der er nicht zwei- bis dreimal wenigstens eine Stunde lang gespielt hätte. Aufgehört hatte er mit der Musik nie ganz. Sein Cello-Lehrer hatte ihn einmal ernst angesehen und gesagt: »Henry, ich könnte mir vorstellen, dass du einmal in einem großen Orchester unter den Cellisten sitzen könntest …« Henry errötete, was ihm sonst nie passierte, und bedankte sich. Seinen Eltern erzählte er nichts davon. Er wollte kein Angeber sein. Das, was der Lehrer gesagt hatte, schien ihm viel zu groß, als dass er an die Verwirklichung seines geheimen Traumes glauben konnte. Ja, Cellist in einem großen Orchester zu sein, das war sein Traum. Henry schließt die Augen: Er befindet sich in einem Konzertsaal. Das Sinfonieorchester wartet auf den Dirigenten. Henry sitzt unter den Cellisten. Schwarzer Anzug, weißer Binder, hoch konzentriert. Wärme durchflutet ihn, Freude füllt ihn aus, aufrecht wartet er auf den Dirigenten. Der hebt den Taktstock. Das Orchester setzt ein. Henry spielt mit, und er spielt wie ein junger Gott.

Dunkelheit zieht übers Meer. Nur fern am Horizont ist ein Leuchten zu erkennen, das aus der Tiefe zu kommen scheint. Hätte ich vielleicht doch Cellist werden sollen?, fragt er nachdenklich. Er erinnert sich an ein Gespräch mit den Eltern über diese Frage. Sein Vater hatte ausweichend, aber freundlich gesagt: »Du wirst deinen Weg schon finden.« Seine Mutter hatte sich eher ablehnend geäußert: »Sollte man das, was man besonders liebt, zu seinem Beruf machen?«

Zweimal im Jahr kamen seine Großeltern mütterlicherseits für ein paar Tage zu Besuch. Das waren für Henry Festtage. Er hatte jedes Mal das Gefühl, jetzt erst sei die Familie komplett. Mutter und Großmutter sahen sich ähnlich, sprachen ähnlich und strahlten beide Wärme aus. Seinen Großvater bewunderte Henry wegen seiner Klugheit, Mutter hatte ihn sogar weise genannt. Deshalb stellte er ihm viele Fragen, die er gern auch seinem Vater gestellt hätte.

In einer dieser Nächte hatte er einen Traum. Am Morgen konnte er sich ganz genau erinnern: Er ist ein Junge und liegt in der Mitte eines weißen leinenen Tuches. Er allein. Das Tuch ist so weit, dass er Anfang und Ende kaum erkennen kann. Unter dem Tuch stehen viele Menschen, Männer, Frauen, Kinder, die das Tuch und ihn tragen. In der Mitte sieht er seine Eltern und Großeltern. Auch die Eltern seines Vaters. Sie alle sind ihm vertraut. Henry hat das Gefühl, dass ihm nichts, aber auch gar nichts passieren kann. Er mag sich gar nicht von dem Traum lösen.

Manchmal fällt ihm der Traum wieder ein, etwa dann, wenn er sich eingeengt fühlt. Dann ahnt er, dass alles wieder gut werden wird.

Am nächsten Morgen, als er sich auf dem Balkon ausruhen will, kommt ihm der junge Henry wieder in den Sinn, plastisch und unmittelbar. Er – das wird ihm plötzlich zur Gewissheit – ist schon immer in ihm gewesen. Er hat sein ganzes Leben mitbestimmt. Jetzt weiß er, dass seine Seele alles speichert, was sie erlebt. Es dauert nicht lange, bis ihn die inneren Bilder wieder in diese andere Welt zurückführen. Und irgendwie freut er sich auf das, was er gleich erleben wird.

Der jugendliche Henry

Wieder steht der junge Henry vor ihm, dem alten Henry. Ganz nah. Bin ich das wirklich?, fragt er sich. Wie alt ist der wohl? Er staunt über das Aussehen und die Ausstrahlung des jungen Henry. Kraftvoll erscheint er ihm, stark, furchtlos, fast ein wenig übermütig und – ja, anständig. Ehe er seinen Gedanken weiter nachgehen kann, winkt ihm der junge Mann zu und fordert ihn auf, ihm zu folgen. Der Weg führt die beiden zunächst durch einen lichten Wald, danach an einem langen Ährenfeld vorbei in eine idyllische kleine Stadt. Henrys Augen weiten sich. Das ist doch, stammelt er, das ist doch … und nennt den Namen des Ortes: Weilershausen. Ein paar Meter von ihm entfernt steht der junge Henry und sieht ihn lächelnd an, als wollte er fragen: Weißt du nun, wo wir sind?

Der alte Henry bleibt stehen. Sieht sich die Häuser der Straße der Reihe nach an. Er sah sie zum letzten Mal vor mehr als fünfzig Jahren, aber er hat das Gefühl, als hätte er seine kleine Stadt erst vor Kurzem verlassen. Ungeduldig gibt der junge Henry ihm ein Zeichen, er möge sich beeilen, denn sie seien noch nicht am Ziel. Geradezu brav folgt er ihm zum Marktplatz, der sich überhaupt nicht verändert hat. Der alte Henry möchte erneut stehen bleiben, doch der junge fordert ihn schon wieder zum Weitergehen auf. Schließlich stehen sie vor einem Haus, das sein Herz ganz schnell schlagen lässt. »Ingrid«, flüstert er, »Ingrid, ich bin wieder da.«

Henry steht vor dem Elternhaus seiner Frau, die er geliebt hat, mehr als alles andere auf der Welt. Er lässt seinen Blick über die Fassade des Hauses wandern. Dann schaut er wie gebannt auf die dunkelgrüne Eingangstür mit dem messingfarbenen Schloss. Soll ich wirklich hineingehen?, fragt er sich. Da fällt ihm jene Szene auf dem Markt ein, vor vielen Jahren, sie kannten sich bis zu diesem Zeitpunkt kaum. Ingrid ließ versehentlich ihre Tasche fallen. Henry bückte sich rasch und gab sie ihr zurück. Ebenso beherzt öffnet er nun die Tür und ruft laut in den Flur hinein: »Ingrid! Ich bin's!«

Sie kommt, sie kommt tatsächlich, wendet er sich dem jungen Henry zu. In ihm steigt – wie damals – ein Gefühl auf: ein helles, warmes, betörendes, nahezu betäubendes Gefühl von Glück, das er zuvor noch nie gespürt hat. Das ihm inzwischen fremd geworden ist. Nach dem er sich zuweilen sehnt. Das jetzt, bei seiner Rückkehr in die kleine Stadt, wiedererwacht, zunächst zögerlich, dann deutlicher und schließlich so eindringlich, wie er es damals erlebt hat.

Und nun fließen die Erinnerungen in einem fort: Ingrid und er mit den Rädern durch eine Wiesenlandschaft radelnd, immer wieder einander die Hände reichend, vor Glück juchzend, von Zeit zu Zeit absteigend, Küsse tauschend. Dann der Tag, an dem Henry sich entschlossen hat, seinen Eltern von Ingrid zu erzählen. Die Vorstellung, sich ihnen zu offenbaren, brauchte ein paar Tage, aber feige war er nicht! Etwas steif sagte er eines Abends am Tisch: »Da ist etwas, was ihr wissen solltet. Es fällt mir nicht ganz leicht, euch« – da fiel sein Vater ihm ins Wort und sagte: »Nun sag schon, wie sie heißt!« Alle drei lachten, seine Mutter vielleicht nicht ganz so laut wie die beiden Männer. Beim Gutenachtsagen gab Vater ihm einen Klaps auf die Schulter und vermittelte ihm ein Gefühl, das Henry auch heute noch nicht genau beschreiben kann. Jedenfalls fühlte er sich zum ersten Mal wie ein Mann.

Jemand klopft ungeduldig an seine Hoteltür. Henry reibt sich die Augen. Mühsam kommt ein »Ja, bitte« über seine Lippen. Ein Kellner bittet ihn, er möge ihm seine Wünsche fürs Abendessen mitteilen. Mit einer unwirschen Handbewegung gibt er dem Mann zu verstehen, er solle ihn allein lassen. Etwas freundlicher ruft er ihm noch nach, er bäte um eine Tasse Kaffee.

Langsam schält Henry sich aus seinem Sessel, reckt und streckt sich, geht auf den Balkon, auf dem ihm eine frische Prise entgegenweht. Es ist schon dunkel geworden. Was ist mit mir?, fragt er sich leise, fast ein wenig ängstlich. Was soll das alles? Die ans Ufer schlagenden Wellen bestätigen ihm, dass alles durchaus noch in Ordnung ist.

Am Horizont taucht ein hell erleuchteter Ozeandampfer auf, der ruhig seine Bahn zieht. Henry liebt große Schiffe, obwohl er nie auf einem gewesen ist. Er liebt auch große Häfen. Schiffe und Häfen wecken in ihm immer wieder Fernweh, von dem er sich nie ganz befreien kann. Auch heute nicht.

Da hört er, wie aus der Bar des Hotels der Tango *Olé Guapa* zu ihm hochweht. Ausgerechnet diesen Tango spielte eine Kapelle, als er zum ersten Mal mit Ingrid tanzte. Henry bemerkt gar nicht, dass er den Rhythmus mittanzt. Dann bleibt es nur einen Augenblick still, ehe er einen neuen Tango hört. Der kommt nicht aus der Hotelbar, sondern aus ihm selbst. Er hört, wie die Kapelle den Tango *Jalousie* anstimmt. Er sieht den weiten Ballsaal mit den vielen Paaren, die hingerissen tanzen. Und Ingrid, die ihn herausfordernd ansieht und in ihm eine selten empfundene Leidenschaft entfacht.

Es hält ihn nicht im Hotel. Er geht zum Strand. Die frische Seeluft tut ihm gut. Die Gedanken an Ingrid lässt er los, die anderen ordnen sich. Wegen seiner Kindheit war er zu beneiden gewesen. Das bildete er sich nicht ein!

Nicht nur seine Eltern, auch die Großeltern pflegten einen liebevollen Umgang mit ihm. Besonders mit dem Großvater mütterlicherseits war er gern spazieren gegangen. Vater hatte ihn »unser Philosoph« genannt. Henry hatte ihm immer dann besonders gern zugehört, wenn er über »das Leben« sprach. Von Goethe etwa erzählte er, ihn schätzte er sehr, auch von Molière. Manchmal wiederholte er sich. Bemerkte er, dass er sich zu oft wiederholte, war ihm das peinlich. Zwei Sätze hatten sich Henry unauslöschlich eingeprägt und – wer weiß – sein Leben mitbestimmt. Der eine stammt von Molière: »Wir sind nicht nur verantwortlich für das, was wir tun, sondern auch für das, was wir *nicht* tun.« Später hatte Henry diesen Satz manchmal zu denjenigen Mitarbeitern gesagt, mit denen er nicht zufrieden war. Der andere Satz stammt von Goethe: »Wenn wir die Menschen nur nehmen, wie sie sind, so machen wir sie schlechter; wenn wir sie behandeln, als wären sie, was sie sein sollten, so bringen wir sie dahin, wohin sie zu bringen sind.« Als er im Lauf der Jahre die Bedeutung dieses Satzes zu begreifen begann, veränderte sich sein Umgang mit Menschen spürbar, vor allem der mit jungen Mitarbeitern.

Henry ist derart in seine Gedanken vertieft, dass er nicht bemerkt, wie finster es inzwischen geworden ist. Das hell erleuchtete Hotel weist ihm jedoch den Weg. Wieder vermeidet er die Begegnung mit den anderen Gästen im Speisesaal und zieht sich zum Abendessen auf sein Zimmer zurück. Wo ist er bei seiner inneren Rückschau stehen geblieben? Er braucht nicht lange zu überlegen, da sieht er den jungen Henry wieder. Doch da ist jetzt irgendetwas in seinem Gesicht, das den alten Henry beunruhigt. Unsicherheit? Schmerz? Erschrecken?

Der alte Henry erinnert sich genau an den Tag, von dem er später sagt, da sei seine Jugend vorbei gewesen, von einer Stunde auf die andere. Es war Ende des Krieges. Der Krieg hatte bisher um Weilershausen einen weiten Bogen gemacht. Bernhard und er lagen auf einer Wiese und träumten vor sich hin. Sie überlegten, was sie einmal werden wollten. Henry träumte von einem Luxusdampfer, sah sich als Kapitän am Steuerrad eines mächtigen Ozeanriesen. Neben ihm zwei junge Offiziere als Assistenten. Über dem blauen Wasser brach sich das Licht des Südens. Die Bordkapelle spielte. Alles war gut, sehr gut sogar. Der Krieg war ja fern, so fern.

Da hörte Henry plötzlich ein dumpfes Geräusch, das immer lauter und dunkler wurde. Bernhard und er richteten sich auf und sahen in die Richtung, aus der die Flugzeuge kamen. Sie flogen in Formation. Henrys Herz schmerzte vor Angst. Gebannt sah er nach oben. Jetzt waren sie über ihnen. Unter den Flugzeugen schien etwas zu hängen. Was war das? Die Antwort kam auf der Stelle. Henry sah mehrere Bomben fallen, unweit der Wiese, auf der die Blumen blühten und zwei Jungen von künftigen Tagen träumten. Dann war wieder Stille. Die Freunde sahen sich an. Beide waren kreidebleich und zitterten am ganzen Leib. Über ihrer kleinen Stadt sahen sie eine riesige Staubwolke – und Feuer, sie hörten Schreie vieler Menschen. Henry und Bernhard wussten sofort, was sie zu tun hatten, blieben aber zunächst wie angewurzelt stehen, ehe sie losrannten, um den Getroffenen zu helfen.

Der Traum vom »Captain« verschwand für lange Zeit in den Tiefen seiner Seele. Die kleine Stadt wurde zwar nur teilweise getroffen, doch das, was sie an zerstörten Häusern zu sehen bekamen, reichte aus, um zu begreifen, dass der Krieg das Irrsinnigste war, was auf Gottes Erdboden geschehen konnte.

Die ersten Jahre im Beruf

Henrys Aufenthalt am Meer geht inzwischen in die zweite Woche. Die letzten Wolken haben sich aufgelöst. Der Himmel ist tiefblau, es ist warm. Henry ist mit sich und seinem Leben zufrieden. Was er sich vorgenommen hat – Rückschau auf sein Leben zu halten –, befriedigt ihn sehr. Mehr als das: Es hat ihn geradezu eine Lust gepackt, sein Leben weiterzuverfolgen. Inzwischen hat er sich einen Strandkorb gemietet, den er so stellt, dass niemand ihn beobachten kann.

Als der Krieg zu Ende war, ging auch die Schulzeit zu Ende. Für seine Matura hatte Henry sich nicht besonders anstrengen müssen. Mit seinen Noten war er zufrieden gewesen. Was ihm zu schaffen machte, war der Gedanke an den Abschied von seinen Klassenkameraden, von denen die meisten Weilershausen verlassen würden. Was ihn darüber hinaus beschäftigte, war die für ihn untypische Unentschlossenheit. Was wollte er nach der Schulzeit machen? Eines war für ihn klar: An die Ausbildung zum Kapitän war nicht mehr zu denken, Studieren wollte er auch nicht! Dazu liebte er das Leben viel zu sehr. Auch nicht Musik? Der Gedanke beunruhigte ihn. Er sah sein

Cello vor sich, hörte den Klang des Instruments, das ihn von Beginn an fasziniert hatte. Sein Mathematiklehrer hatte ihm gesagt, er solle doch etwas Praktisches lernen. »Was auf die Beine stellen! Was bewegen!« – Aber was? Zum ersten Mal in seinem Leben war Henry ratlos. Ratlos, aber nicht wirklich deprimiert. So war er schon als Junge gewesen. Wenn es in der Schule oder zu Hause ein Problem gegeben hatte – was nicht oft vorkam –, hielt er sich nicht lange mit seiner Enttäuschung oder seinem Ärger auf, sondern suchte rasch nach einer Lösung. Was allerdings dann und wann dazu führte, dass er den Dingen nicht tief genug auf den Grund ging.

Dann geschah, woran Henry nie gedacht hatte. »Typisch Henry«, grinste Bernhard und boxte ihn liebevoll in die Seite. »Du bist mal wieder ein Glückspilz.« Es war wenige Wochen vor der Matura gewesen. Sein Onkel väterlicherseits war zu Besuch gekommen. Nach dem Kaffee hatte er Henry zu einem Spaziergang eingeladen. Onkel Ferdi, wie ihn alle liebevoll nannten, war Unternehmer einer Maschinenfabrik. Vor vielen Jahren hatte er den Betrieb aufgebaut und erfolgreich geleitet. Der Krieg hatte zwar seine Spuren hinterlassen, aber sein Onkel hatte nie kapituliert.

Nach einleitenden Floskeln blieb er stehen, sah Henry beinahe streng an und fragte ihn mit ungewohnt lauter Stimme: »Henry, willst du einmal Chef der Firma werden?« Henry war nicht überrascht, er war überwältigt. Er spürte den Drang, den Onkel zu umarmen, hatte jedoch den Eindruck, es wäre unziemlich, etwas so Unmännliches zu tun. Sein Herz raste, er rang um Worte, brachte zunächst nur »Onkel Ferdi« heraus, schüttelte den Kopf, als wollte er sagen »Das gibt's doch nicht« – und rief schließlich voller Freude aus: »Aber ja doch, nichts lieber als das!«

Als Henrys Mutter am Abend Onkel Ferdi fragte, ob er sich seine Entscheidung auch gut überlegt habe, war er überrascht und sagte: »Aber meine Liebe, kennst du etwa deinen eigenen Sohn nicht? Es gibt für mich keinen geeigneteren Nachfolger als ihn. Ich habe ihn lange im Blick gehabt. Er ist schon jetzt – wie soll ich sagen? – ein ziemlich vollständiger Mann: intelligent, zielorientiert, engagiert, zuverlässig, stark. Gewiss, er ist noch jung, muss noch lernen, sein Temperament etwas mehr zu zügeln, aber gerade diese Eigenschaft ist eine der wichtigsten in unserem Beruf.«

In der folgenden Nacht konnte der junge Henry nicht schlafen. Stundenlang wälzte er sich von einer Seite auf die andere. Er zweifelte nicht daran, dass Onkel Ferdi ihm etwas angeboten hatte, worauf er nicht einmal im Traum gekommen wäre, er zweifelte auch nicht an seinen eigenen Fähigkeiten, ein solches Unternehmen leiten zu können. Warum aber war er so unruhig?

Er sah sich wieder mit Bernhard auf der Wiese nahe Weilershausen liegen. Nur Ruhe und Frieden ringsum. Und in Sekundenschnelle war alles anders gewesen, radikal anders. Ob sich so etwas wiederholen könnte? War das Leben nicht doch brüchiger, als er gedacht hatte? Früher, zu Hause, war alles leicht, frei und geordnet gewesen – wahrscheinlich aber konnte die Wirklichkeit auch ganz anders aussehen …

Gab es noch einen anderen Grund für seine Unruhe? Ein Bild kam auf, gegen das er sich immer wieder zur Wehr setzte: sein Cello. Dann aber stand er auf und sagte in die Dunkelheit hinein, so, dass niemand es hören konnte: »Eine große Maschinenfabrik oder ein Cello! Ist das etwa eine Alternative?« Der Fall schien gelöst zu sein. Trotzdem brauchte Henry noch einige Zeit, ehe er einschlafen konnte.

In den folgenden Jahren bereitete sich Henry mithilfe des Onkels gewissenhaft und systematisch auf seine Aufgabe vor. Er ging für ein Jahr nach England, um in einem noch größeren Unternehmen weitere Erfahrungen zu sammeln. (Von seinem Heimweh erzählte er niemandem, nicht einmal Bernhard.) Dann kam der Tag, an dem er als neuer Firmenchef eingeführt wurde. Heute noch sieht er die Bilder an sich vorbeiziehen: Ferdi hatte Henrys Eltern eingeladen. Seine Mutter war nervös gewesen. Sein Vater hatte, jedenfalls wirkte es auf Henry so, den Kopf höher als sonst getragen. Henry wurde den leitenden Mitarbeitern vorgestellt. Offensichtlich fiel es denen nicht schwer, den neuen Chef zu akzeptieren. Er hatte sich jedem freundlich zugewandt, auf sie bescheiden und doch selbstbewusst gewirkt.

Henry hatte die Erfolgsgeschichte des Onkels fortgesetzt. Mehr als das: Er hatte, wie der inzwischen alt gewordene Ferdinand es gewünscht hatte, das Unternehmen merklich erweitert.

Jahre später gab es einen Vorfall. Henry hat den Tag nicht vergessen. Es war kurz vor der Mittagspause. Ein Schrei durchschnitt die Ruhe in der Werkshalle. Alle Mitarbeiter rannten zu dem Ort, von dem der Schrei zu vernehmen war. Und sahen ihren Kollegen Reinhard am Boden liegen. Er war an ein Starkstromkabel geraten und sofort tot. Alle Wiederbelebungsversuche waren vergeblich. Jemand rief die Rettung und die Polizei. Henry bahnte sich einen Weg durch die Schar der Mitarbeiter. Und es geschah etwas, was sich niemand hätte vorstellen können: Der Chef kämpfte mit den Tränen. Er sagte nichts, ging auf den Toten zu, beugte sich über ihn, legte liebevoll die Hand auf seinen Kopf.

Nächtelang hörte Henry in seinen Träumen die Sirenen. Obwohl klar war, dass der Tod Folge eines selbst verschuldeten Unfalls war, konnte Henry sich lange Zeit seiner Selbstvorwürfe nicht erwehren. Ihm half auch nicht, dass er der Familie Reinhards in jeder Beziehung zur Seite stand – was für ihn selbstverständlich war. Auch eine Reise mit seiner Frau brachte nicht die gewünschte Wirkung. Der Arzt wollte ihm Antidepressiva geben. Er lehnte sie brüsk ab.

Die Wende bahnte sich durch einen Traum an. Als Henry ihn am nächsten Morgen Ingrid erzählte, atmete sie erleichtert auf. Er dagegen nannte ihn nur kitschig: Er sieht sich auf einer Trage, die einer Bahre gleicht. Um ihn herum stehen Männer aus seinem Werk und sehen ihn stumm und vorwurfsvoll an. Er will etwas sagen, aber er kann es nicht. Da bewegt sich die Gruppe der Umstehenden. Jemand will zu Henry. Es ist eine alte Frau. Er glaubt zunächst, seine Mutter zu sehen. Dann erkennt er, dass die Frau nicht seine Mutter ist. Sie trägt einen leinenen weißen Umhang. Ihr Gesicht ist unbeschreiblich gütig. Sie sagt nichts. Sie tritt ganz nah an ihn heran, lächelt und zeichnet ein kleines Kreuz auf seine Stirn. Dann zieht sie sich zurück. Henry atmet tief durch. Und auch durch die Gruppe seiner Mitarbeiter geht ein tiefes Atmen.

»Kitschig?«, fragte Ingrid. Er spürte, dass sie ungehalten war. »Kitschig?«, wiederholte sie und forderte ihn auf, den Traum noch einmal zu erzählen. Seine Abwehr gegen den Traum ließ sie nicht zu. Henry besann sich, war bereit, den Traum noch einmal, nur langsamer, zu erzählen. Er begann ihn zu verstehen. Als er die Schlussszene geschildert hatte, schwieg er lange. Dann zeigte sich ein feines Lächeln auf seinem Gesicht. Er ging auf seine Frau zu, umarmte sie und sagte leise mehrere Male: »Danke!«

Henry verließ die Firma fast immer als Letzter. So auch an einem Novemberabend, wenige Monate nach dem Tod seines Mitarbeiters. An jenem Tag war es besonders spät geworden. Henry saß, den Kopf in die Hände gestützt, in seinem Büro. Die Gedanken wollten sich zunächst nicht ordnen. Dann kam ihm die Frage: »Was mache ich hier eigentlich? … Ich habe, nein: *Wir* haben zwar Erfolg, die Arbeit ist nicht uninteressant, aber war's das? War oder ist das mein Leben?«

Henry merkt nicht, wie sich seine Augen schließen und der junge Henry ihm erscheint. Auf dessen Stirn perlt Schweiß, Übermut blitzt aus seinen Augen. Er tänzelt vor dem alten Henry hin und her. Offensichtlich will er ihm einen Ball zuschießen. Der alte Henry lacht, streckt sein Bein und schießt den Ball weit weg. Ein lange nicht mehr empfundenes Glücksgefühl durchströmt ihn. »Mann, wäre das toll!«, hört er sich plötzlich sagen.

»Was denn?« Er hat Ingrid nicht kommen hören. Behutsam legt sie ihre Hand auf seine Schulter. Henry fühlt sich ertappt wie ein kleiner Junge, so wie damals, als sein

Vater ihn und Bernhard beim Zigarettenrauchen erwischte. »Also, was war denn gerade?« Ingrid lässt nicht locker. Sie will wissen, was eben passiert ist. Henry weiß, dass Ausflüchte vor seiner Frau zwecklos sind, und erzählt ihr von den letzten Minuten. Zärtlich legt sie ihren Kopf an den seinen und flüstert: »Weißt du eigentlich, wie sehr ich dich liebe?«

Henry verlässt seinen Strandkorb und schlendert am Wasser entlang. Er fühlt Zufriedenheit. Zufriedenheit darüber, dass sich ihm inzwischen vieles erschließt, was ihm bisher nicht klar gewesen war. Er weiß aber auch, dass er mit seinen Überlegungen noch lange nicht am Ende ist: Das Leben mit Ingrid wird viel Zeit in Anspruch nehmen, und gewiss wird sich manche Träne nicht vermeiden lassen. Und: Wer bin ich eigentlich heute als Mensch ohne Beruf? Kann ich fortan von dem innerlich zehren, was ich im Lauf der Jahre erfahren habe? Irgendwann ist es ja vorbei. Habe ich Angst vorm Sterben? Religion war nie mein Thema. Warum ist es mir bis heute peinlich, mit anderen darüber zu sprechen?

Er geht ins Hotel zurück, die vielen Strandgänger stören ihn. Er lässt sich in seinen Sessel fallen und fragt sich ein weiteres Mal, was seine Rückschau ihm bisher gebracht hat. Die Antworten, die ihm kommen, erleichtern ihn. Statt eines klaren Gedankens spürt er in sich ein *neues* Gefühl. Er fühlt so etwas wie den Beginn einer neuen

Klarheit. Es ist, als füge sich alles in ihm wie bei einem Puzzle zusammen. Ja, irgendwie scheint das, was er mit den Bildern erlebt, sinnvoll zu sein. Er freut sich schon auf seine nächsten »Ausflüge« in die innere Welt.

Die Zeit mit Ingrid

Die zweite Woche neigt sich dem Ende zu. Henry ist früh aufgestanden, da er mit seiner »Dokumentationsarbeit« beginnen will. Er kauft einen großen roten Schreibblock und einen edlen Schreibstift. Denn er hat sich vorgenommen, seine bisherigen »inneren Reisen«, wie er die Begegnungen mit seiner Vergangenheit nennt, zu Papier zu bringen – obwohl ihm klar ist, dass er ohnehin nichts von alledem je vergessen wird. Dokumentationsfreudig war er schon als Junge gewesen. Auf einer Reise mit seinen Eltern in eine mittelalterliche Stadt hatte er alles, was er gesehen und gehört hatte, sorgfältig notiert.

Der Tag ist hell, angenehm warm. Sein Strandkorb lockt ihn. Henry hat zwar ein Buch mitgenommen, aber das tiefblaue, stille Meer zieht seine Blicke mehr an. Er setzt sich aufrecht hin, übersieht die Menschen, die an ihm vorbeischlendern, und taucht mit seinen Blicken in eine große weiße Welle ein, die den gesamten Horizont auszufüllen scheint. Und plötzlich meint er, in der Gischt den Muschelsucher wiederzusehen. Verstört reibt er sich die Augen. Was er zu sehen meint, ist nicht der Muschelsucher. Es ist etwas, das ihn noch stärker anzieht, etwas Geheimnisvolles.

Henry erschrickt. Es ist weg. Er sieht es nicht mehr. Er spürt einen Hauch von Wehmut, die von dem geheimnisvollen Es ausgeht. Er schließt die Augen, als könne er es auf diese Weise weitersehen. Da! Eine große Welle überspült ihn jetzt – und dann sieht er es. Er sieht Ingrid. Sie trägt ein schneeweißes Kleid. Aufrecht steht sie da und lächelt ihn an, so vertraut, als kannten sie einander schon eine Ewigkeit. Er will auf sie zugehen, aber seine Beine tragen ihn nicht. Zwischen ihnen liegt ein unübersehbares helles Land. Zurück in ihm bleibt eine große, ihn vollständig durchflutende Liebe.

Neben seinem Strandkorb wird es laut. Die Neuankömmlinge haben ihren Hund mitgebracht, der sich ebenso unwohl fühlt wie Henry. Er sucht die Stille seines Balkons, wo er sich ganz den Erinnerungen an Ingrid hingeben kann.

Ingrid war seine große Liebe gewesen und geblieben. Bevor er sie näher kennenlernen konnte, hatte er sie von Weitem bewundert. Dann kam »die Gelegenheit«, wie er Ingrid später mit einem Anflug von Stolz sagte. Seine Mutter hatte ihn gebeten, auf dem Markt einzukaufen. Plötzlich standen sie nebeneinander. Ingrid fiel ihre Tasche zu Boden. Henry war schneller als sie und gab sie ihr zurück. Er strahlte sie an, sie wurde etwas verlegen, konnte aber nicht vermeiden, ihm ein bezauberndes Lächeln zu schenken. Als sie den Marktstand gemeinsam verließen und in verschiedene Richtungen gingen, drehten sich beide nach einigen Metern noch einmal um und lächelten sich an. Daraufhin suchte er jede Gelegenheit, sie zu treffen. Manchmal schien es ihm allerdings, dass auch Ingrid an den Begegnungen nicht ganz »unschuldig« war. Dass sie zusammengehörten, wurde beiden bald klar. Sie heirateten.

Als die Zwillinge geboren wurden, Ingo und Alexander, schien das Glück vollkommen zu sein. Henry war außer sich vor Freude. Er rief alle Bekannten und Freunde an, telefonierte mehrere Stunden. Er bat Bernhard, so rasch wie möglich zu kommen. Er brauchte ihn, wie er ihn seit Beginn ihrer Freundschaft gebraucht hatte. Henry war glücklich und Ingrid nicht minder. Die Buben gediehen prächtig. Und so schien es, als habe das Glück bei ihnen Heimat gefunden.

Doch nicht zu jeder Zeit. Es war an einem Tag im Mai gewesen. Er und Ingrid waren gegen Abend spazieren gegangen. Sie hatten kaum miteinander gesprochen. Er hatte von neuen großartigen Aufträgen für die Firma erzählt, sie jedoch immer nur mit einem Grummeln geantwortet. Irgendwann war sie stehen geblieben und hatte leise gesagt: »Merkst du gar nicht, dass unsere Gespräche nur noch um die Firma kreisen? Dass wir von uns selbst kaum noch sprechen, uns vielleicht gar nicht mehr richtig kennen? Dass wir uns fremd geworden sind?«

Er blieb stehen, schaute sie erschrocken an. »Dass du nie danach fragst, ob es mir gut geht, ob ich vielleicht noch ein Kind haben möchte!« Er wagte nicht, sie anzusehen, auch nicht, ihre Hand zu nehmen. Er fand keine Antwort. Es war, als habe sich eine Kluft zwischen ihnen aufgetan, die er bisher nie empfunden hatte. Sie schon, doch gesagt hatte sie bislang nichts.

Schweigend gingen sie weiter. Er hatte den Kopf gesenkt. Er hing unterschiedlichen Gedanken nach: Liebte er Ingrid etwa nicht mehr? War ihm sein Erfolg wichtiger als sie? »Henry«, hörte er Ingrid leise sagen. »bist du noch da?« Da drehte er sich rasch zu ihr um und umarmte sie. Aber er spürte, dass er sie anders umarmte als sonst, nicht mehr so zärtlich, vertraut und voller Liebe, was auch ihr nicht entging. Sie entzog sich seiner Umarmung, schaute ihn mit großen Augen an, fragte nur: »Was war das?«

Er sah, dass sie sich zur Seite drehte und die Tränen wegwischte, die er nicht sehen sollte. Henry schwieg immer noch, fühlte sich hilflos. Das Gefühl war ihm kaum bekannt. Natürlich liebte er sie noch. Was für eine Frage! Er hatte einfach zu viel zu tun. Alle wollten ständig etwas von ihm! Aber, und dieser Gedanke schien ihn zu befreien – hatte er nicht schwierige Situationen immer wieder gemeistert? Der junge Henry kam ihm in den Sinn, aufrecht, klar, fern jeder Klage, wenn etwas schiefgegangen war. Er blieb stehen, und dieses Mal umarmte er sie so schwungvoll, dass er sie fast zu Boden gerissen hätte, und fragte lächelnd: »Kann es sein, dass du einen besonders törichten Mann geheiratet hast?« »Ja, das kann sein«, sagte sie und lächelte wieder. »Was du vielleicht nicht weißt«, fuhr er fort, »im Grunde hasse ich solche Reden, wie ich sie dir gerade gehalten habe. Sie sind langweilig, besonders dann, wenn du meine Hand hältst.« Er blieb noch einmal stehen, küsste sie innig und flüsterte ein leises »Verzeih!«.

Von da an nahm er sich mehr Zeit – für seine Frau, seine Kinder und für sich. Er stimmte ihr auch zu, als sie sagte: »Kannst du dir vorstellen, dass du glücklicher wärst, wenn du pro Tag eine Stunde weniger in der Firma arbeiten würdest?«

Kurz vor ihrer Silbernen Hochzeit starb Ingrid an Krebs. Er erinnert sich an den Ort, an dem sie standen, nachdem der Arzt das furchtbare Wort ausgesprochen hatte. Henry fragte ungläubig zurück: »Krebs«? Der Arzt verabschiedete sich mit einem stummen Lächeln. Die beiden blieben allein auf dem Flur zurück.

In der Erinnerung sieht Henry die kahlen Wände der Klink, die Betten, in denen Kranke vorbeigeschoben werden, er spürt das Heimatlose, das von diesem Ort ausgeht. Irgendwann sehen sich Ingrid und Henry an. Beide finden keine Worte. Er beginnt zu frieren. Sie bemerkt es und will ihm ihren Schal um den Hals legen. Da begreift er, dass es fortan nicht mehr um ihn geht, sondern um seine Frau. Sie schweigen lange, während er sie liebevoll umarmt. Dann strafft er seinen Körper, ergreift ihre Hände und sagt: »Das wollen wir doch mal sehen, ob wir damit nicht fertigwerden!« Sie nickt ihm dankbar zu. Ohne sich dessen bewusst zu sein, erinnert er sich für Augenblicke an den Tag, als Bernhard und er auf das brennende Weilershausen zuliefen, bereit, den Getroffenen zu helfen.

Henry tat alles, um seiner Frau das Leben mit der Krankheit so weit wie möglich zu erleichtern. Er bemühte die besten Ärzte. Er reduzierte mehr noch als bisher seine Arbeit, um bei ihr sein zu können. Sie sprachen viel miteinander: über ihr bisheriges Leben, über ihre Kinder, vor allem über ihre Liebe. Auch über den Tod sprachen sie, doch bemerkte Ingrid, dass dieses Thema Henry Angst machte, weshalb sie auf etwas anderes zu sprechen kam. Beide hatten das Gefühl, dass sie in dieser Zeit noch mehr zusammenfanden.

Nach zwei Jahren kam der Tod. Er kam an einem Abend im August. Sie hielten einander die Hände. Ingrid flüsterte und sah ihn dabei liebevoll an: »Das war's dann wohl, du Lieber.« Dann starb sie. Henry blieb lange an ihrem Bett sitzen, hielt ihre Hände und liebkoste sie. Als er allein war, weinte er hemmungslos.

Dann kam die Beerdigung. Henry spürt den Widerstand, die inneren Bilder zuzulassen. Er gibt nach: Eine große Trauergemeinde erweist Ingrid die letzte Ehre. Henry geht mit seinen Söhnen hinter dem Sarg her. Auf dem Weg zum Friedhof kann er seinen Blick nicht vom Sarg abwenden. Seine Söhne weinen. Henry versucht, seine Tränen zu verbergen. Die Worte, die der Pfarrer am Grab spricht, nimmt er nicht wahr. Als noch einmal Ingrids Name genannt wird, schluchzt Henry laut auf. Seine Söhne lehnen sich ganz dicht an ihn.

Henry zog sich ein paar Wochen von allem zurück. Niemand wagte, ihn anzusprechen, auch seine Söhne nicht. Irgendwann sagte er den schrecklichen Satz, dessen er sich später schämte: »Das Leben geht weiter« – und verlangte nach der Auftragsliste.

Der Abend ist heraufgezogen. In der Ferne blinkt der Leuchtturm. Fischerboote ziehen fast lautlos vorbei, die Wellen klatschen ans Ufer. Die Tür zum Balkon ist geöffnet. Henry blickt in die Dunkelheit. »Ingrid?«, fragt er leise, schließt die Augen und sieht, wie sie sich an ihn lehnt. Er vergisst alles um sich herum. Warmer Wind umspielt ihre Gesichter. Kein Gedanke an den Ort, an dem sie stehen, kein Gedanke an ihren Tod, an sein Alter, an die Stunden, die besser nicht gewesen wären. Nur Ingrid und er, er und seine Liebe zu ihr.

Die Jahre als alleinerziehender Vater und Großvater

Nach Ingrids Tod versuchten Familie und Freunde, Henry Stütze und Trost zu sein. Das wusste er zu schätzen. Wie tief aber die Trauer seine Seele überschattete, ließ er niemanden wissen. Er wollte sich nicht gehen lassen. Deshalb kam es ihm auch gelegen, recht bald wieder ins Büro zu gehen. War er beschäftigt, gewann er zu seiner Traurigkeit einen gewissen Abstand.

Aber nur einen gewissen. Er selbst empfand nicht nur Trauer, sondern auch eine seltsame Leere. Zwar verrichtete er seine Arbeit gut wie eh und je, doch löste sie keinerlei Freude in ihm aus. Nach einem Jahr meinten es einige Freunde besonders gut mit Henry. Sie luden Gäste ein, unter denen attraktive, doch nicht mehr ganz junge Damen auffielen. Henry durchschaute die Pläne der Freunde und zog sich wieder zurück.

Worunter litt er am meisten? Nicht vorrangig unter Einsamkeit, sondern darunter, dass die »Frau seines Lebens«, wie er Ingrid genannt hatte, nicht mehr da war, nicht mehr mit ihm lebte. Sie war der einzige Mensch, mit dem er über alles sprechen konnte. Ihr gegenüber war er offen wie niemandem sonst gegenüber. *Sie* war seine Heimat, nicht die Firma, nicht einmal seine Kinder. Manchmal hatte er sich gefragt, ob er von Ingrid abhängig sei. Das Wort wischte er jedoch sofort beiseite, weil es so nicht stimmte. Sie war eben der Mensch, dem gegenüber er seine Seele weit öffnen konnte. Es gab nichts Kostbareres für ihn.

Nur einmal – etwa eineinhalb Jahre nach Ingrids Tod – traf er auf einer Tagung eine Frau, deren Wesen ihn beunruhigte. Sie erinnerte ihn stark an Ingrid. Ihr Haar, ihre Stimme, ihre Gestik, sogar ihre Größe. Einen Augenblick lang dachte er daran, sie einzuladen. Doch begriff er rasch, dass es keine zweite Ingrid für ihn geben konnte. Er fühlte sich erleichtert, als er dieser »Versuchung«, wie er die Bekanntschaft nannte, widerstanden hatte. Es gab noch eine andere Frau, die Ingrid sehr ähnelte: ihre Mutter. Sie besuchte er oft.

Im Geheimen ließ ihm eine Frage keine Ruhe: Hatte er seine Frau so geliebt, wie sie es verdient gehabt hätte? Gewiss, oft hatte er ihr den schönsten aller Sätze gesagt: Ich liebe dich. Gewiss hatte er für sie und die Kinder gut gesorgt. Es hatte, wie bei seinen Eltern, kaum Streit zwischen ihnen gegeben. Aber: Hatte Ingrid *mit ihm* das Leben leben können, das ihr entsprach? Nein, er wollte sich nicht mit der Floskel herausreden, dass die Liebe in der

Regel im Lauf der Zeit nachlässt. Ingrids Liebe zu ihm hatte jedenfalls nicht nachgelassen – bis zu ihrem Tod nicht.

Ihm fiel wieder jene Szene ein, als der Arzt das Wort »Krebs« aussprach und es ihn augenblicklich fröstelte. Ingrid war es, die ihm ihren Schal anbot.

Und seine Liebe zu ihr? War nicht die Firma oft wichtiger gewesen als seine Frau? Natürlich fielen ihm Argumente ein, warum sich ihr Leben so entwickelt hatte. Und doch: Geliebt hatte er Ingrid immer. Vielleicht waren sie in ihren Hochzeiten glücklicher gewesen. Aber in der Tiefe war seine Liebe klar, stark und unverbrüchlich gewesen. Nun war Ingrid tot. Und damit auch die Möglichkeit, ihr zu schenken, was er ihr heute zu gern geschenkt hätte. In seiner Traurigkeit über diesen nicht mehr zu verwirklichenden Wunsch kam ihm ein Gedanke zu Hilfe: Die Liebe Ingrids hatte er verloren, nicht aber seine Liebe zu den Menschen. Der Gedanke erleichterte ihn. Er atmete tief durch. Und damit begann seine Suche nach denen, die seine Zuwendung brauchten.

In erster Linie waren das ja seine Söhne. Wie war ich denn als Vater? Diese Frage hatte Henry schon lange in sich gehört. Als er sich darauf einlässt, kommt ihm einer der wenigen Tage in den Sinn, an denen sein Vater für ihn Zeit hatte: Er und Henry sind mit ihren Fahrrädern auf dem Weg zu den Angelteichen, als sein Vater plötzlich übermütig wird und Henry davonfahren will. Henry tut alles, um ihn einzuholen, doch es gelingt ihm nicht. Henry hebt scheinbar drohend die Faust und ruft: »Warte nur, alter Mann, das nächste Mal wirst du an dieser Stelle weit abgeschlagen landen.« Beide lachen. Dann boxt ihn der Vater sanft auf die Brust und sagt: »Warst nicht schlecht, mein Sohn.«

Ein anderes Mal kommt Henry bedrückt nach Hause, reicht dem Vater seine Mathematikarbeit, an deren Ende der Lehrer mit rotem Stift »mangelhaft« geschrieben hat. Der Vater schweigt, dann sieht er Henry lange an und sagt: »Wenn du willst, könnten wir in den nächsten Wochen gemeinsam deine Aufgaben lösen. Einverstanden?« Henry nickt eifrig und weiß nicht, was er sagen soll. Er atmet tief durch und wirft dem Vater einen dankbaren Blick zu.

Und ich?, fragt sich Henry. Wie war ich zu meinen Jungs, als sie noch zu Hause waren? Nicht wie mein Vater zu mir. Ganz sicher habe ich sie beide immer geliebt. Aber die Taten entsprachen nicht meinen Gefühlen. Ich hatte einfach zu wenig Zeit, noch weniger als mein Vater für mich!

Einmal im Jahr gingen wir zum Pferderennen. Und jedes Mal bedankten sich die Jungs überschwänglich. Manchmal sahen wir uns miteinander einen Western-Film an, und auch dann bedankten sie sich. Es war mir peinlich. Mein Vater dagegen liebte mich nicht nur mit Worten, sondern auch mit Taten. Ich bedeutete ihm offensichtlich viel. Dass ich mir weit weniger Zeit für meine Söhne genommen habe – ich wünschte, ich könnte das nachholen.

In seinen bisherigen Erinnerungsbildern hatten seine Jungs kaum eine Rolle gespielt. Lag es womöglich daran, versuchte Henry sich zu beruhigen, dass sie ein ganzes Leben miteinander verbracht hatten – und dies noch heute taten? Dieser Gedanke erschien Henry seltsam. Oder lag es daran, dass sie – seines Wissens nach – nie ernsthafte Schwierigkeiten gehabt hatten? Dieser Gedanke erschien ihm noch seltsamer. Henry hatte so gut wie nie von Problemen seiner Söhne gehört. Oder war doch etwas vorgefallen, wovon er nur nichts wusste?

Henry ließ dic Jahre mit seinen Jungs an sich vorbeiziehen. Als sie geboren wurden, kannte sein Jubel keine Grenzen. Noch nie im Leben hatte er sich so gefreut! Er hatte sich zwei Wochen freigenommen, um ganz für die Familie da zu sein. Er schließt seine Augen: Er sieht Ingrid im Bett liegen, ermattet, aber glücklich. Sie sieht ihm lange in die Augen, lächelnd: Du und ich und nun diese beiden – sind wir nicht eine wunderbare Familie? Henry nimmt Ingo, den um wenige Minuten älteren Jungen, auf den Arm. Er kann sich des Gedankens kaum erwehren, dass er ihm fremd ist. Ganz behutsam streichelt er die kleine Wange und küsst ihn auf die Stirn. Doch Ingrid kennt ihren Henry. Ihre Stirn kräuselt sich ein wenig, sie schaut ihn fragend an: »Was war das, Henry?« Er antwortet ihr nicht, lächelt sie nur an und murmelt: »Später.« Doch dieses »Später« wird es niemals geben. Er nimmt Alexander auf den Arm, der für einen Augenblick seine kleinen Augen öffnet. Henry verschlägt's die Sprache. Das ist *sein* Sohn! Henry sieht ihn an, als wollte er ihm sagen: Wir werden nun ein Leben lang eng verbunden sein! Und als ob ihn jemand gefragt hätte, sagt er laut vor sich hin: »Ja, so soll es sein!« Ingrid schaut ihn amüsiert an und sagt leise: »Das kannst du schon glauben, mein Sohn!« Sanft legt er Alexander in die Arme seiner Mutter zurück.

Mit diesem Gedanken öffnet Henry die Augen und ist wieder ganz da, in einem nun unheimlich fremd anmutenden Hotel, vierzig Jahre später.

Mit Schule und Ausbildung hatten beide Söhne keine Schwierigkeiten. Danach stiegen sie ins Unternehmen ihres Vaters ein. Henry gab jedem ein eigenes Ressort. Er war doch irgendwie stolz auf seine »väterliche Klugheit«, wie er einmal zu sich selbst sagte. Auch mit ihren Freundinnen hatten seine Söhne Glück. Henry und Ingrid waren sehr berührt, als Alexander und Ingo am selben Tag und gemeinsam heirateten. Beide Frauen stammten aus guten Häusern. Und als Henry schließlich die Führung des Unternehmens seinen Söhnen übergab, hatte er das Gefühl, das Beste aus seinem Leben gemacht zu haben. Ob Ingo und Alexander Ähnliches von sich gesagt hätten?

Gegen seine Gewohnheit vergräbt Henry seinen Kopf in den Händen und sagt leise: Hab doch immer beide gleich geliebt … Beide? Ja, sicher doch!, antwortet Henry heftig auf die eigene Frage. Dann ist es still in ihm. Später: Hab ich mir nicht immer Mühe gegeben, für beide da zu sein? Mühe schon, antwortet die Stimme in ihm, aber hier geht es um etwas anderes. Er sieht das Krankenzimmer von damals wieder vor sich, als er seine Kinder zum ersten Mal sah. Er hat es nie vergessen: Ingo auf seinem Arm. Henry küsst ihn auf die Stirn – und dennoch verschwindet das fremde Gefühl in ihm nicht ganz.

Da wird Henry etwas Wichtiges klar: Immer wieder war ihm der Gedanke gekommen, Alexander die Gesamtleitung des Unternehmens zu übertragen. Aber er tat es nicht. Weil er Ingo nicht benachteiligen wollte. Weil seine Liebe beiden Söhnen gelten sollte. Auch Ingrid war nicht entgangen, dass Alexander die stärkere Führungspersönlichkeit war. Das aber ließ Henry nicht gelten, und so blieb seine Entscheidung, die Jungs sollten zu gleichen Teilen Rechte haben, bis heute bestehen.

Einmal – es war auf der Weihnachtsfeier des Unternehmens gewesen – setzte sich ein älterer Mitarbeiter zu Henry und sagte leise zu ihm, sodass es niemand hören konnte: »Was ich Ihnen schon lange sagen wollte, Chef: Es berührt mich sehr, dass Sie Ihre beiden Söhne offensichtlich gleich lieben.« Henry schaute ihn lange an und sagte nur: »Meinen Sie?«

Henry hält es in seinem Zimmer nicht mehr aus. Es ist Abend geworden. Die Sonne ist untergegangen, es herrschen aber noch immer laue Temperaturen. Henry stapft, ungestümer als sonst, am Wasser entlang und beginnt ein Gespräch mit sich selbst: Habe ich etwas falsch gemacht? Und wenn ja, was? Vielleicht wäre das Unternehmen noch erfolgreicher geworden, wenn Alex – so nennt Henry seinen Sohn, wenn niemand zuhört – der alleinige Inhaber geworden wäre. Aber wie hätte Ingo meine Entscheidung aufgenommen? Nicht gut. Sein Leben wäre wohl anders verlaufen. Viele Jahre hat Henry sich mit der Frage befasst, ob seine Entscheidung damals richtig war. Nun begreift er, dass der ältere Mitarbeiter ihm an jenem Weihnachtsfestabend tief aus der Seele gesprochen hat.

Als Henry ins Hotel zurückkommt, haben die anderen Gäste ihr Abendessen schon eingenommen. Heiter grüßt er den ein oder anderen, geht in sein Zimmer und notiert in seinem Tagebuch nur: »Ein besonderer Tag!«

Als Henry am nächsten Morgen aus dem Zimmerfenster sieht, bemerkt er, dass sich etwas verändert hat. Die zweite Ferienwoche neigt sich inzwischen dem Ende zu. Der Spätsommer kündigt sich an. Zwar ist es noch angenehm warm, aber einige wenige Blätter sind schon braun. Henry staunt, dass der Herbst schon so früh da ist in diesem Jahr. »Wie die Jahreszeiten der Erde, so auch die Zeiten unseres menschlichen Lebens«, sagt er leise vor sich hin. Aber Melancholie will er nicht zulassen.

Er erinnert sich an einen Tag, den er nie vergessen wird. Mit verschmitztem Gesicht ging Alexander zu seinem Vater, legte seinen starken Arm um seine Schultern und sagte: »Würde es dir gefallen, Großvater zu werden?« Henry stieß einen Jubelschrei aus. Großvater zu sein – das hatte er sich schon lange gewünscht. Einige Monate später wurde Wolfgang geboren. Als Henry den Jungen auf den Arm nehmen durfte, kamen ihm die Tränen.

Henry schließt die Augen, um die Geburt seines Enkels noch einmal nachzuerleben: »Können Sie nicht schneller fahren?«, bittet er – nicht gerade höflich – den Taxifahrer. Gleich nach Alexanders Anruf ruft er ein Taxi, um sich ins Krankenhaus bringen zu lassen. Seine Schwiegertochter Melanie sieht müde, aber glücklich aus. Stumm umarmt Henry seinen Sohn. Dann erst wendet er sich dem Baby zu, sieht es ganz lange an, haucht dann: »Hallo, kleiner Wolfgang!« Henry kommen die Tränen, auch weil er sich wünscht, Ingrid hätte an seinem Glück teilhaben können.

Nach dem Besuch im Krankenhaus setzt Henry sich nachdenklich auf eine Parkbank. Ihm wird zum ersten Mal klar, dass mit dem Heranwachsen seines Enkels seine ihm selber verbleibenden Jahre weniger werden. Die Geburt seines ersten Enkelkindes erinnert ihn an seinen Sohn Alexander, mit nur einem Unterschied: Dieses Mal ist alles leichter, weniger verkrampft, fröhlicher.

Zwei Jahre später bekamen Alexander und Melanie ihr zweites Kind. Sie nannten das Mädchen Ingrid. Als Henry davon hörte, war er sehr glücklich. Auch Ingos Frau Petra brachte einen Jungen und ein Mädchen zur Welt: Lutz und Sandra. Und Henrys Freude war keineswegs geringer als bei den Geburten von Alexanders Kindern. Aber vielleicht hatte er sich inzwischen ein bisschen daran gewöhnt, Großvater zu werden.

Er war ein vorbildlicher Großvater. Dabei war ihm voll bewusst, dass er an seinen Enkeln nachholte, was er seinen eigenen Kindern schuldig geblieben war. Er spielte und wanderte mit ihnen, einmal im Monat gingen sie ins Kino und, was Henry besonders schätzte: Einmal die Woche führte Lutz, Ingos Sohn, Henry in die für ihn gänzlich unverständliche digitale Welt ein. Er bewunderte seinen Enkel und freute sich auf jede neue Lektion.

In der Nacht erwacht Henry und sieht seine Familie auf der Terrasse seines Hauses stehen: die Jungs mit ihren Familien, er selbst und Ingrid. Welch ein Anblick! Stolz kommt in ihm auf. Und eine große Freude! *Seine Familie!* Womit hatte er nur so viel Glück verdient?

Wer bin ich selbst?

Die dritte Woche hatte begonnen. Nebel lag über dem stillen Wasser. Das Wetter war trübe, also ideal, um im Hotel zu bleiben und sich die Fotos von einst anzusehen. Erst jetzt dachte Henry daran, dass er ein altes Fotoalbum ins Hotel mitgenommen hatte. Seine Mutter hatte es ihm zur Matura geschenkt. Zunächst blättert er flüchtig von Seite zu Seite, um einen ersten Eindruck zu gewinnen – sein Interesse gilt dabei vor allem sich selbst. Dann nimmt er sich jede einzelne Seite vor. Ein stabiles Kerlchen, sagt er leise vor sich hin. Bei einem Foto verweilt er lange. Die Familie insgesamt konnte sich sehen lassen! Henry nickt zustimmend. Er ist stolz.

Und wer bin *ich*? Erneut überfällt ihn diese Frage. Natürlich ein Teil von ihr. Aber ich selbst, ich, Henry? Worin unterscheide ich mich von meinen Verwandten, überhaupt von anderen Menschen? Einen Augenblick lang hängt er den Gedanken nach, diese »neumodische« Frage sei doch nichts für ihn. Dann stellt er sich vor einen Spiegel; zuvor hat er aber noch die Hoteltür geschlossen, denn niemand soll sehen, was er hier macht. Zunächst erschrickt er ein wenig, denn der Spiegel zeigt ihm deutlich, dass er alt geworden ist. Die Furchen in seinem Gesicht sind ihm nicht unbekannt, aber ihr Verlauf und ihre Tiefe machen ihm zu schaffen. Der Hals ist tatsächlich der eines alten Mannes, schmal, hager, vielleicht sollte er seine Hemden in einer anderen Größe kaufen. Er vertieft sich in seine Augen. Die, so sagt man ja, ein Spiegel der Seele seien. Henry lässt sich Zeit. Er sieht darin eine Vielfalt von Ausdrucksformen: alt gewordenes Leben, Wehmut, Sehnsucht, doch darunter entdeckt er Lebenswillen, Lebensfreude, Liebe zum Leben, Zufriedenheit. Henry begreift, dass seine Augen viel mehr aussagen, als er hätte beschreiben können.

Wer bin ich?, fragt sich Henry wieder. Er lässt die Augenlider sinken, und es dauert nicht lange, bis ihm seine inneren Bilder zu antworten beginnen.

Das erste Bild: Er sieht seinen Schulhof von einst. Großes Gerangel zwischen etwa zehn Schülern. Henry sieht, dass ein Junge (er mag ihn nicht sonderlich) an der Schläfe blutet. Henry geht ruhig auf die Streithähne zu, stellt sich vor den Blutenden und sagt laut und vernehmlich: Aufhören! Und sie hören auf und gehen auseinander.

Das zweite Bild: Sein Vater hatte ihn in sein Arbeitszimmer zitiert (was nicht oft geschah), er ließ ihn vor sich stehen und sagte: »Nun, mein Junge, das war keine Glanztat.« Henry wusste sofort, worum es ging. »Mama hatte dich gebeten, sie vom Kaufhaus abzuholen, weil sie allein die Einkäufe nicht tragen konnte. Du hattest ihr zugesagt, um kurz nach fünf bei ihr zu sein. Aber du kamst nicht. Stattdessen warst du beim Fußball! Hattest du deine Mutter vergessen?« »Nein. Aber das Spiel war so spannend.« Vater schwieg, sah zu Boden und wartete, was sein Sohn darüber hinaus zu sagen hatte. Aber er sagte nichts. »Wie findest du das selber?«, fragte der Vater, nun schon etwas vehementer. Henry suchte nach einem passenden Wort. Dann sah er dem Vater ins Gesicht: »Kurz gesagt: schlimm! Das werde ich mir lange nicht nachsehen.« Er ging zu seiner Mutter und bat sie um Verzeihung. Umarmte sie kurz und murmelte, so etwas komme nicht wieder vor. Als seine Mutter am Abend noch einmal in sein Zimmer sah, saß er am Schreibtisch und weinte.

Henry leugnete seinen Fehler nicht, suchte nicht nach Erklärungen und stand vor seinem Vater auch nicht wie ein »Jammerlappen«. Er war zwar über sich selbst erschüttert, aber er verlor doch nicht das Gefühl für den Wert seiner jungen Persönlichkeit. Alle Achtung, sagt Henry laut vor sich hin und salutiert dabei übermütig, aber nur kurz.

Das dritte Bild: Er fährt mit Bernhard in die nahe gelegene Großstadt. Zunächst schlendern sie durch eine bekannte Geschäftsstraße. Dann passiert es: Mehrere junge

Männer stellen sich ihnen in den Weg. »Na, ihr Provinzler, habt ihr genügend Geld bei euch, um Papi und Mami etwas Schönes mitzubringen?«, fragt der Anführer der Gruppe. Die anderen lachen. Henry hat das Gefühl, den Boden unter den Füßen zu verlieren. Er sagt nichts. Bernhard dagegen richtet sich auf, sieht den anderen an und sagt mit leiser, aber akzentuierter Stimme: »Merkst du gar nicht, wie dumm deine Frage ist?« Er dreht sich um, zieht Henry am Ärmel. Die anderen lachen nicht mehr. Auf dem Heimweg ist Henry sehr still. Dann sieht Bernhard ihn von der Seite lächelnd an, als ob er ihm sagen möchte: »Na, mein Freund, ich habe dich schon mal tapferer gesehen.« Stumm gehen die beiden weiter. Henry wird klar, dass er doch nicht so selbstsicher ist, wie er sich oft nach außen hin gibt.

Viel später, so erinnert sich Henry, war er einmal stolz auf sich gewesen. Auch Ingrid und Onkel Ferdi, die beide der Gerichtsverhandlung beigewohnt hatten, waren beeindruckt gewesen. Man hatte ihm zu Unrecht vorgeworfen, mit einer anderen Maschinenfabrik eine unerlaubte Preisabsprache getroffen zu haben. Als Henry vor dem Richter stand, konnte ihn nichts im Saal erschüttern. Er stand aufrecht da, sprach mit klarer Stimme und setzte sich unaufgefordert, nachdem er seine Aussage gemacht hatte. Er wusste, dass er die Wahrheit sagte.

Dieses gute Gefühl kannte Henry bereits aus der Kindheit. Er erinnert sich an eine heikle Situation in der Schule. Die Klassenarbeit in Geografie war unerwartet gut ausgefallen. Als sich die Schüler ausreichend über ihren Erfolg gefreut hatten, schwieg der Lehrer ungewöhnlich lange. Dann fragte er: »Wer von euch hat bei der Arbeit gemogelt?« Henry schwieg nicht lange, er hob die Hand und sagte: »Ich.« Seine Arbeit wurde mit »mangelhaft« benotet, die anderen Arbeiten mit »sehr gut« oder »gut«. Niemand freute sich darüber. Niemand wagte es, Henry zu beleidigen. Nach der Stunde rief der Lehrer Henry zu sich, drückte ihm lange und kräftig die Hand und entließ ihn.

Es ist spät am Nachmittag. Die Frage, wer er ist, lässt Henry keine Ruhe. Er spürt, dass alle Bilder, die ihm gekommen waren, nur um das Thema Selbstvertrauen kreisten. Aber er war doch nicht nur jemand, der sich mehr oder weniger selbst akzeptiert! Er war doch auch fröhlich. Er war wissbegierig. Er war, wenn es sein musste, mutig. Er war, das hatte ihm Ingrid einmal gesagt, liebesfähig. Er mochte Menschen. Und doch war da etwas, dem er stets aus dem Weg gegangen war. Und wenn davon die Rede war – ja, von Gott –, dann hätte er am liebsten sofort den Raum verlassen. Aber gab es nicht Menschen, die ihren Halt aus einer Beziehung zu ebendiesem Gott gefunden hatten?

Es ist warm, der Strand aber relativ leer. Henry setzt sich in die Nähe des Wassers. Er hört nur auf die Wellen. Alles um ihn herum wird still, und still wird es auch in ihm. Irgendwann scheinen die Wellen näher zu kommen und ihn auszufüllen. Er hat alle Gedanken ziehen lassen und fühlt nur sich selbst. Vielleicht zum ersten Mal in seinem Leben ist er ganz bei sich. So könnte es bleiben – für alle Zeit.

So manche ungelöste Frage

An einem Sonntagnachmittag – es war der Beginn der dritten Ferienwoche – sieht sich Henry ein Fußballspiel im Fernsehen an. Dabei fällt ihm auf, dass sich manche Spieler bekreuzigen, wenn sie aufs Spielfeld kommen oder es wieder verlassen. Das hat er selbst als Junge nie getan. Das Spiel war für ihn alles! Ob die Spieler sich etwas dabei dachten?, fragte er sich. Kann sein, kann aber auch nicht sein, ich weiß es nicht, murmelt Henry und verfolgt weiter das Spiel. Als es zu Ende ist, bekreuzigen sich wieder mehrere Spieler. Henry will es sich zunächst nicht eingestehen, dann aber gibt er widerwillig zu: Das sind Menschen, die mit großer Selbstverständlichkeit aller Welt kundtun, womöglich ohne es zu beabsichtigen, dass, ja, was? – dass sie etwas mit Gott zu tun haben. Henry erschrickt beinahe. Nie zuvor ist ihm dieser Name so nahegekommen.

Weder in seiner Kindheit noch in seiner Jugend, nicht mit Bernhard und auch nicht mit Ingrid hatte er über Gott gesprochen. Ja, er wusste nicht einmal, was seine Frau darüber dachte. Merkwürdig, hängt er weiter seinen Gedanken nach, es gibt ja viele Leute, sogar sehr intelligente, die religiös sind und an Gott glauben. Bin *ich* oberflächlich? Mit dem Gedanken will sich Henry nicht anfreunden. Aber seltsam ist es schon, dass sich ein Mensch in meinem Alter mit dieser Frage noch nie befasst hat. Ist mir das Thema unheimlich? Oder befürchte ich, dass Gott meinem Leben eine Richtung gegeben hätte, die ich ganz und gar nicht gewollt hätte?

Am Abend hat Henry das dringende Bedürfnis, noch einmal fernzusehen. Eine Dokumentation zum Thema Welthandel? Nein, das interessiert ihn jetzt nicht. Ein Krimi? Er schaltet weiter. Henry staunt selbst, als er bei einem anderen Thema länger verweilt: *Das weite Land der Seele*. Später schläft er unruhig, wälzt sich von einer Seite auf die andere.

Im Morgengrauen erwacht er in Erinnerung an einen Traum: Er hängt an einem Seil, das offenbar hoch oben im Himmel befestigt ist. Wo genau, kann Henry nicht erkennen. Er wird von diesem Seil über alle Weltmeere gezogen. Er staunt über deren Weite und Schönheit. Plötzlich zieht ihn das Seil so hoch, dass er die gesamte Welt überblicken kann. Er schaut und schaut und kann nicht genug bekommen von dem Anblick, der sich ihm bietet.

Henry wird wach, setzt sich im Bett aufrecht hin, reibt sich die Augen. Sieht verwundert das karge Hotelzimmer, schließt wieder die Augen und sieht noch einmal diese wunderbare Welt vor sich. Dann entfährt ihm der Satz: »Mein Gott, bist du schön!« Henry spürt, dass die gewaltigen Eindrücke sich zurückziehen und er sich im Netz der Gedanken zu verfangen beginnt.

Er zieht sich einen Bademantel an, geht auf den Balkon. Die Luft ist klar, und der Himmel ist von Sternen übersät. Auch dieses Bild ist für Henry überwältigend schön. Er wandert mit seinem Blick über den weiten Himmel. Dann sagt er leise, sodass es niemand hören kann: »Gott, bist du da?« Der Himmel scheint zu schweigen.

Er erinnert sich an ein Erlebnis in seiner Kindheit. Sein Großvater nahm ihn an einem warmen Sommerabend an die Hand und sagte geheimnisvoll: »Henry, ich will dir etwas zeigen.« Schweigend gingen die beiden zu einer großen Wiese, von der aus man den von Sternen übersäten Himmel sehen konnte. Lange konnten beide ihren Blick nicht von diesem wunderbaren Bild abwenden. Dann hörte Henry seinen Großvater sagen: »Weißt du, mein Junge, wir sehen nur den Schein der Sterne, die Sterne selbst sehen wir nicht. Und doch sind die Sterne da. Wie findest du das?« Henry schwieg lange, dann antwortete er: »Und wer hält die Sterne dort oben fest? Die können doch nicht von allein …« Großvater wartete mit seiner Antwort, ehe er flüsterte: »Vergiss dein ganzes Leben lang nicht, was du eben gefragt hast.«

Henry hatte die Worte vergessen. Doch sein Inneres hatte sie für ihn aufbewahrt. Aber warum? Und wenn es tatsächlich Gott gäbe? Henry war damals noch zu unerfahren, als dass er dieser Frage nachgehen konnte. Und ob er es wollte, wusste er noch nicht.

Mitte der dritten Urlaubswoche muss Henry das Bett hüten. Er hatte eine Abendwanderung gemacht und sich stark erkältet. Das Fieber war am zweiten Tag bis auf vierzig Grad angestiegen. Trotzdem war sein Kopf noch klar genug, um zu begreifen, dass er über seine Krankheiten stets »hinweggegangen« war. Überdies waren ihm die inneren Bilder viel zu wichtig, als dass er sich von diesem »Zipperlein« stören lassen wollte.

Im Krankenhaus wird er in ein Einzelzimmer geführt. Der alte Henry nähert sich dem Krankenbett und erschrickt. Im Bett liegt er selbst, aber der kranke Henry ist viel jünger. Sein Gesicht ist aschfahl, seine Hände spielen unruhig auf der Bettdecke. Nur mühsam verdeckt er seine Tränen. Der alte Henry versucht, ein Gespräch mit ihm zu führen. Der kranke Henry dreht sein Gesicht zur Wand. Erst als Henry ihm sagt, wer da mit ihm spricht, wendet sich der kranke Henry ihm zu. »Was ist mit dir?«, fragt der alte Henry. Der andere hebt hilflos die Hände und murmelt: »Ich weiß es nicht.« »Und seit wann bist du hier?« Der kranke Henry scheint zu überlegen, findet aber keine Antwort. Da begreift der alte plötzlich, seit wann und weshalb der kranke hier liegt.

Henry erinnert sich: Vier Wochen nach Ingrids Tod hatte er sich scheinbar erholt und beschlossen, wieder in die Firma zu gehen. Die Freunde, auch die Söhne hatten ihm abgeraten und ihn aufgefordert, sich noch mehr Zeit für sich zu nehmen und sein Leben noch einmal zu überdenken. »Mein Leben noch einmal überdenken«, spöttelte Henry. »Ingrid ist tot, und damit muss ich eben fertigwerden.« Kurze Zeit später rief er Alexander in sein Büro. Kreidebleich lehnte Henry in seinem Sessel und sagte: »Ich weiß nicht, was das zu bedeuten hat. Mir ist schwindelig, übel, und ich fühle mich, als müsste ich den ganzen Tag heulen. Bitte verzeih mir, dass ich mich so jämmerlich benehme.« Einen Augenblick lang sah Alexander seinen Vater an, ratlos und liebevoll. Dann zog er sein Telefon aus der Tasche und rief einen Krankenwagen. Alle Versuche Henrys, sich zu wehren, waren vergeblich.

Der alte Henry rückt einen Stuhl nahe an das Bett, nimmt die müden Hände und streichelt sie. »Da siehst du mal, was passiert, wenn man stärker sein will als seine Gefühle.« Der kranke Henry versteht nicht. »Ja, du warst sehr tapfer nach Ingrids Tod. So tapfer, dass du nicht einmal eine Träne vergossen hast.« Der kranke gibt sich einen Ruck und richtet sich im Bett auf. »Was meinst du damit?« »Jeder wusste, wie sehr du Ingrid geliebt hast.

Wie verzweifelt du warst. Nur du selbst schobst deine Gefühle so weit wie möglich beiseite. Und du glaubst, das ließe sich deine Seele von dir gefallen?« Der kranke Henry sitzt aufrecht im Bett, kriegt kein Wort heraus und bemerkt auch nicht, wie seine Tränen zu fließen beginnen. Der alte Henry rückt noch näher an sein Bett heran, umarmt ihn fest und sagt ihm leise ins Ohr: »Nun lass deinen Schmerz endlich zu.« Dann weint der jüngere lange, sehr lange, ehe er dem alten irgendwann ein Lächeln schenkt.

Für Henry war es stets ein Problem, wenn seine Mutter krank war. Er war siebzehn, als sie zwei Wochen im Krankenhaus bleiben musste. Sie war auf der Treppe ausgerutscht und hatte sich den rechten Oberarm gebrochen. Henry besuchte sie jeden Tag und brachte ihr stets ein kleines Geschenk mit, zum Beispiel einen selbst gepflückten Blumenstrauß, zwei besonders rote Äpfel oder anderes. Dann teilte der Arzt ihr mit, sie werde noch eine Woche länger bleiben müssen. »Nein!«, rief Henry laut, dann etwas leiser: »Nur das nicht!« Er umarmte seine Mutter behutsam und flüsterte ihr ins Ohr: »Weißt du eigentlich, wie lieb ich dich hab? Ich habe immer Angst, wenn einer von uns krank wird. Besonders schlimm ist es, wenn du in dieses schreckliche Haus musst.« Seine Mutter schob ihn sanft zurück und sagte: »Aber, aber, mein Junge. Hast du vergessen, dass du ein ganz Starker bist?«

Als er den dunklen Flur zum Ausgang hinunterging, hörte er immer wieder ihren Satz: »Hast du vergessen, dass du ein ganz Starker bist?« Ob das stimmte? Hatte er nicht soeben das Gegenteil bewiesen? Gewiss, seine Mutter hatte es gut mit ihm gemeint, vielleicht glaubte sie sogar, was sie sagte. Und ihm selbst war seine Stärke nicht unbekannt. Trotzdem wünschte er sich manchmal, sich an jemanden anlehnen zu können, besonders an seine Mutter.

Als er das Krankenhaus verlassen hatte, steuerte er einen Platz am Fluss an, den er besonders gernhatte. Henry sah auf das fließende Wasser, schloss die Augen und sah abermals seine Mutter im Krankenhaus. Wie stark war sie gewesen! Wie viele schwierige Situationen hatte sie gemeistert! Sie wurde von allen wegen ihrer Courage geschätzt! Vielleicht war er wirklich *ihr* Sohn.

Hatte mein Leben einen Sinn?

Gegen Ende der dritten Woche macht Henry einen Spaziergang am Strand entlang. Im Schaufenster einer Buchhandlung sieht er ein Buch mit dem Titel *Sinn*. Er bleibt stehen. Nein, kaufen wollte er es nicht. Bücher hatten ihn – und das war schon in der Schulzeit so – nie wirklich interessiert. Als sein Großvater ihn einmal fragte, wie viele Bücher zurzeit auf seinem Nachttisch lägen, hatte er den alten Mann spitzbübisch angesehen und gesagt: »So viele nicht.«

Henry geht weiter auf der Promenade, schaut nicht nach rechts und nicht nach links. Das Wort »Sinn« lässt ihn nicht los. Ist bestimmt ein Buch für Weltverbesserer, denkt er, bemerkt jedoch sogleich, dass dieser Gedanke unsinnig ist. Aber was ist das überhaupt, Sinn? Er weiß es nicht und spürt zunächst auch keine Neigung, sich nach einer Definition zu erkundigen.

Inzwischen ist er weiter gegangen, als er sich vorgenommen hatte. Er kehrt um. Nur wenige Menschen kommen ihm entgegen. Was ihm ganz recht ist: So kann er leichter seinen Gedanken nachhängen. Da fällt ihm eine

Situation aus der Schule ein, er war damals in der Oberstufe. Der Titel der Klassenarbeit in Deutsch lautete: »Was ich mir vom Leben wünsche«. Nur widerwillig hatte Henry sich an die Arbeit gemacht. Was ich mir vom Leben wünsche … Was soll das? Ich habe doch alles, zischte Henry leise vor sich hin. Trotzdem begann er zu schreiben.

Nach einer Viertelstunde stellte sich sein Lehrer neben ihn und las, was Henry zustande gebracht hatte. Dann schaute er ihn an und sagte: »Das macht doch alles keinen Sinn.« Henry errötete. Er mochte diesen Lehrer besonders gern, und nun sagte ausgerechnet der, was er geschrieben habe, sei Unsinn. Henry vollendete deprimiert seine Arbeit, und er staunte auch nicht über die spätere Benotung: »mangelhaft«.

Er fragte Bernhard, seinen Freund, was Sinn sei. Doch als der mit philosophischen Floskeln daherkam, winkte Henry unwirsch ab. Henry fragte seinen Vater. Der legte seine Stirn in Falten, überlegte und sagte dann nur schlicht: »Also, mein Junge, das ist eine schwierige Frage …« Das war inzwischen auch Henry klar geworden.

Ob seine Mutter wusste, was Sinn ist? Sie schaute ihn nicht an, während sie nachdachte, dann sagte sie: »Weißt du … wie soll ich's dir erklären …? Wenn du mich fragen würdest, ob ich etwas anderes machen wollte als das, was ich jetzt tue: kochen, waschen, sticken, die Wohnstube herrichten, nicht nur für mich, sondern auch, ja vor allem für euch – würde ich antworten: Nein, wozu denn? Das alles ist doch das Beste für mich. Das nenne ich Sinn.«

Mit diesen Gedanken gelangt Henry wieder bei seinem Hotel an. Er ist in sich gekehrt. Die Frage hat sich in ihm festgesetzt: Was war in der Vergangenheit und was ist jetzt Sinn in *meinem* Leben? Dass er zur Welt gebracht wurde, dass es ihn gab – war das etwa kein Sinn? Dagegen konnte er nichts sagen. Dass er in seiner Kindheit und Jugend so viel Schönes erlebt hatte – konnte man das nicht Sinn nennen? Ingrid, die Jungs, sein Unternehmen – ja, sie hatten seinem Leben einen Sinn gegeben. Warum konnte er dann trotzdem nicht ganz und gar glücklich sein? Dass er keine Definition für »Sinn« gefunden hatte, war ihm nach wie vor gleichgültig. Aber dass er geboren wurde, eine schöne Kindheit und Jugend hatte, Ingrid, die Jungs, sein Werk – das alles sollte ihn nicht ganz mit Sinn erfüllen? Er dachte vorläufig nicht weiter darüber nach.

Henry streicht mit den Fingern seiner rechten Hand durch die Büsche am Weg und horcht auf den Gesang der Wildgänse, die er in dieser Gegend gar nicht vermutet hat. Er bemerkt seinen federnden Gang und fühlt sich gleich um zehn Jahre jünger. Als ihm ein älterer Herr im Rollstuhl begegnet, lächelt Henry ihn an. Und plötzlich weiß er, was Sinn ist: Das Leben gut finden, leben wollen, Ja dazu zu sagen, was immer es auch bringt.

Gab es auch etwas, das in seinem Leben unsinnig war, oder zumindest wenig sinnvoll?, fragt sich Henry. *Eigentlich* wollte er diese Frage gar nicht stellen. Aber wichtig ist sie doch, gesteht er sich ein. Er schließt, wie so oft in diesen Tagen, die Augen und wartet darauf, was seine Erinnerungen ihm zeigen werden.

Zunächst kommt ein Bild, mit dem er überhaupt nicht gerechnet hat. Er sieht ein riesiges Wort in leuchtender Farbe: *Dank*? Henry weiß nicht, wie ihm geschieht. Es ist, als habe man ihm eine üble Nachricht mitgeteilt. Nur allmählich sortieren sich seine Gedanken. Tatsächlich hat er so gut wie nie darüber nachgedacht, wie reich sein Leben war und noch immer ist. Im Vergleich zu vielen anderen Menschen, von denen er gehört hat, ist sein Leben eine Aneinanderreihung beglückender Momente gewesen. Ihm kommt die Erinnerung an die Wiese, auf der Bernhard und er gelegen hatten, ehe die Flieger sein Leben *veränderten*. Und als er darüber nachzudenken beginnt, wofür er sonst noch zu danken habe, kann er an kein Ende gelangen. Wie wenig hat er in den letzten Jahrzehnten daran gedacht, für sein Leben zu danken!

Was wäre, wenn ich noch einmal leben dürfte?

Schon in der Früh hatte es zu regnen begonnen. Sollte man dem Wetterbericht trauen, so würde es den ganzen Tag über weiter regnen. Vom Meer war nichts zu sehen. Nur das Rauschen der Wellen drang an sein Ohr. Es war also genügend Zeit, um die Reise durch sein bisheriges Leben fortzusetzen und zu fragen, was er hätte anders machen sollen und wie wohl seine nächsten Jahre aussehen könnten.

Was würde ich anders machen, wenn ich noch einmal leben könnte? Diese Frage hatte er sich schon manches Mal gestellt, ohne sich näher darauf eingelassen zu haben. Statt zu reflektieren, wartete er auf seine »inneren Freunde«, wie er seit Kurzem die Erinnerungen nannte.

Sein Freund Bernhard sitzt auf der Mauer des Schulgeländes. Neben ihm liegen zwei Bücher, ein weiteres hat er in der Hand. Henry fragt spöttisch: »Na, welche Schmöker haben es dir heute angetan?« »Die alten Philosophen Platon, Aristoteles, Sokrates«, antwortet Bernhard ungerührt. Henry schweigt einen Augenblick und fragt dann: »Sei mal ehrlich: Wozu sind diese alten Helden gut?« Bernhard sagt nur: »Man kann von ihnen viel fürs Leben lernen.« Henry setzt sich zu seinem Freund und schweigt, während Bernhard weiterliest. Dann sieht er Bernhard an und sagt: »Da hast du mir eine Menge voraus.« Sein enormes Arbeitspensum ließe ihm jedoch, so sagte er zu Bernhard, das Lesen »richtiger« Literatur nicht zu.

Ganz im Stillen jedoch weiß Henry, dass das nicht die ganze Wahrheit war, dass vielmehr geistige Arbeit für ihn sehr anstrengend ist. Dennoch: Plötzlich spürt er einen tiefen Hunger nach Weisheit, wie er sagt, und nimmt sich vor, sich in einer Buchhandlung beraten zu lassen. Noch am selben Tag setzt er sein Vorhaben in die Tat um.

Einen anderen Gedanken hatte Henry immer wieder beiseitegeschoben. Jetzt aber konnte er ihm nicht mehr ausweichen: War es richtig gewesen, das Unternehmen von Onkel Ferdi zu übernehmen? Henry wollte nicht undankbar sein. Was hatte er sich alles erlauben können, weil die Firma ihn relativ unabhängig machte! Aber begeistert von dem, was er tat, war er nicht oft gewesen. Was aber hätte ihm mehr Freude gemacht? Er wusste es nicht – oder doch?

Einige Jahre nachdem er Chef des Unternehmens geworden war, wurde er zu einem Konzert der heimischen Symphoniker eingeladen. Mozart, Mendelssohn-Bartholdy und Bruckner standen auf dem Programm. Henry genoss den Duft des Konzertsaals. Er sah die vielen vornehm gekleideten Besucher. Er sah die Musiker, die auf der Bühne Platz genommen hatten und ihre Instrumente stimmten. Der Dirigent erschien, hob den Taktstock, und Henry versank in den Melodien. Irgendwann fiel sein Blick auf die Cellisten. Eine Weile achtete er nur auf sie, konzentrierte sich auf die warmen Töne dieses herrlichen Instrumentes. Da stieg in Henry eine immer stärker werdende Traurigkeit auf. Er empfand deutlich die Kluft zwischen den beiden Welten: hier die Welt der Schönheit, der Kunst – dort, wo er morgen ab sieben Uhr wieder sein würde, die Welt des Lärms, des Schmutzes, des Geldverdienens. Henry rutschte in seinem Sessel unruhig hin und her, sodass die Dame zu seiner linken Seite sich vernehmlich räusperte. Er war sofort hellwach und entschuldigte sich leise.

Hätte ich denn das Zeug zum Musiker gehabt? Ja, sagt er sich, zweifellos. Und warum bin ich meinem Traum nicht gefolgt? Weil die Sicherheit, die mir das Unternehmen gab, so gesteht er sich ein, für mich offenbar attraktiver war als die Musik. Er legt noch einmal die Musik auf, an die er sich eben erinnert hat – und lässt seinen Tränen freien Lauf. Als Trost bleibt ihm, dass er sein Cello noch immer spielen kann. Henry nimmt sich vor, nach den Ferien wieder täglich zu üben.

Und dann ist da noch etwas anderes, das zu mir gehört und das ich zu wenig gelebt habe. Henry sieht sich im Garten der Eltern Fußball spielen. Da kommt Karl, der Rotschopf, und bittet Henry, mitspielen zu dürfen. Er sieht zwar Bernhards abweisendes Gesicht, doch Henry sagt: »Klar, Karlchen, geh du ins Tor.« Eine selten gefühlte Wärme steigt in Henry auf.

Dann wechseln die Bilder: Er sieht die vielen »kleinen« Leute, seine Mitarbeiter, die in den Hallen des Unternehmens tätig sind. Einige von ihnen haben ausgemergelte Gesichter, auf anderen scheint sich die Not deutlich abzuzeichnen. Nur wenige machen ein fröhliches Gesicht. Wie wäre es, wenn ich in einem kleinen Raum der Fabrik ein »Anti-Sorgen-Büro« einrichtete? Die spontane Idee begeisterte ihn so stark, dass er noch am selben Abend Alexander anrief und ihm sein Vorhaben unterbreitete. Der hatte rasch begriffen, was ein solches Büro für seinen Vater und, ja, auch für manchen Mitarbeiter bedeuten könnte.

Henry begreift wie nie zuvor, dass sein Denken weithin auf das Unternehmen und die Familie ausgerichtet war. Er las zwar die Zeitung, hatte aber nie daran gedacht, sich gesellschaftlich zu engagieren. Sicher, er zahlte seine Steuern, und wenn er um Spenden gebeten wurde, war er nicht kleinlich. Aber sich aktiv in die Politik einzumischen, daran hatte er nie gedacht. Dabei genoss er in seiner Region einen guten Ruf, und wenn er öffentlich Stellung bezogen hätte – sein Wort hätte Gewicht gehabt. Diesen Mangel an Verantwortung für das Allgemeinwohl beklagte er jetzt und überlegte, ob es wirklich zu spät sei, mehr als bisher in die Öffentlichkeit zu gehen. Aber – hatte er überhaupt noch die Kraft dazu?

Ihm fehlte ein Freund, jemand wie Bernhard. Wie kostbar war diese Freundschaft gewesen! Und nun? Da war niemand mehr, der diese Qualität hatte, mit dem er reden konnte, planen, Ideen verwirklichen. Gewiss, es gab freundliche Menschen in seiner Nähe, doch eben keinen wie Bernhard. Aber: Könnte es nicht sein, dass, wenn er mehr als bisher am öffentlichen Leben teilnähme, sich ein »neuer« Bernhard zeigen würde? Henry wurde über diese Möglichkeit froh.

Wenn ich noch einmal leben dürfte … Der Gedanke faszinierte Henry zutiefst. Er ließ keine Trauer darüber aufkommen, dass es eine Illusion war – stattdessen regte ihn der Gedanke weiter an, in den kommenden Jahren möglicherweise noch einiges von dem zu verwirklichen, was er bisher nicht gelebt hatte.

Etwa diese Idee: Er sieht sich im geräumigen Wohnzimmer seines Hauses, umgeben von sechs älteren Herren. Jeder hat ein Buch in der Hand, und Henry eröffnet die Runde: »Meine Herren, ich begrüße Sie herzlich zu unserer ersten Sitzung des Bernhard-Literatur-Klubs. Wir wollen mit einem Buch beginnen, das wir alle bereits in der Schule kennengelernt haben, Goethes *Faust*, Teil 1.«

Auch ich muss irgendwann sterben

Die dritte Ferienwoche war zu Ende gegangen. Der Himmel war wolkenlos, die Sonne im Sinken begriffen. Die Temperatur war angenehm. Henry freute sich einerseits, dass er noch zwei weitere Wochen am Meer bleiben konnte. Andererseits freute er sich aber auch auf sein Zuhause mit dem Komfort, den er hier im Hotel nicht hatte. Was seine Freude stark beeinträchtigte, war ein Brief, in dem vom schlechten Gesundheitszustand seines liebsten Cousins die Rede war. Man rechnete bald mit seinem Tod.

»Aber Richard ist doch nur zwei Jahre älter als ich!«, entfährt es ihm. Henry scheint geradezu ungehalten darüber zu sein. »Warum denn?«, schimpft er und weiß offensichtlich nicht, wohin mit seinem Ärger. »Der hat doch keinen Vortrag über gesundes Leben ausgelassen. Und nun das!« »Der alte Haudegen liegt im Sterben«, murmelte er nach einiger Zeit und schüttelte den Kopf, als könne das gar nicht wahr sein. Henry schlägt das Fotoalbum auf, das neben ihm liegt, öffnet die Seite, auf der sich Richard in seinen besten Jahren befand. »Und jetzt will der sterben?«, beginnt Henry wieder, verbietet sich allerdings sofort, abermals wütend zu werden.

Ein anderer Gedanke drängt sich ihm auf: Auch ich bin einmal dran! Daran habe ich nie wirklich gedacht … Sterben? Das war für ihn nie ein realistischer Gedanke gewesen. Obwohl er bei vielen Beerdigungen zugegen gewesen war, blieb Sterben für ihn ein theoretischer Begriff. Ihn fröstelt. Wann wird es bei mir so weit sein? In zehn Jahren, in fünfzehn? Vielleicht sind's auch nur acht. Henry will diese Zahlenreihe nicht fortsetzen. Dennoch, eins steht fest: Er, Henry, würde wie sein Cousin und jeder andere Mensch auch einmal sterben! Diese Welt verlassen, sein Haus, seine Jungs, seine Enkel, die Gegend, in der er geboren worden war. Und was wäre, wie manche glaubten, wenn es nach dem Tod ein Wiedersehen mit den Toten gäbe? Was wäre, wenn er Ingrid wiedersehen würde? Nicht zu glauben, entfährt es Henry, und er spürt, dass dieser Satz auch eine andere Bedeutung als die übliche haben konnte.

Und wenn es einmal so weit ist – *wie* wird es dann sein? Er dreht sich plötzlich um und schaltet den Fernseher ein. Er sieht jedoch nicht hin und hört auch nicht zu, schaltet den Apparat wieder aus, beschließt, ans Meer zu gehen, und verwirft den Gedanken.

Henry erinnert sich an die Wochen, in denen sein Großvater starb. Im Haus herrschte eine ungewohnte, aber nicht unangenehme Stille. Er schließt die Augen und sieht sich vor der Tür zu Großvaters Zimmer. Obwohl

Henry seinen Großvater sehr mochte, hatte er doch eine gewisse Scheu, die Tür zu öffnen. Aber er tat es doch. Und was dann kam, sollte er nie wieder vergessen. Sein erster Blick fiel auf seine Mutter, die ihrem Vater zugeneigt war, der nur noch flüstern konnte. Dann sah er Großvater, der ihn anlächelte, als er »seinen« Henry erblickte. Seine Mutter winkte ihm zu, er möge sich neben sie setzen. Nur mit Mühe streckte der alte Mann seinem Enkel seine Hand entgegen. Henry nahm sie, schaute sie an. Er konnte nicht vermeiden, dass seine Augen feucht wurden. Die Hand, die einmal so kraftvoll gewesen war, lag vor ihm, weiß, abgemagert, fremd. Sein Großvater sah ihn an, nickte langsam, als wollte er sagen: »Siehst du, mein Junge, so ist das mit dem Leben. Aber hab keine Angst.« Und Henry spürte in diesem Augenblick tatsächlich keine Angst. Die Beerdigung, die drei Wochen später stattfand, verlief würdig. Die Eltern hatten sich an den Händen gefasst, und sein Vater hatte den Arm um Henrys Schulter gelegt.

Diese Erinnerung tat Henry gut. Beinahe schämte er sich ein wenig, als er daran dachte, wie wütend er nach dem Lesen des Briefes gewesen war. Schon manches Mal hatte er aus der Ferne den Friedhof des Urlaubsorts gesehen. Er lag in unmittelbarer Nähe zum Meer. Heute wagte er, ihn zu besuchen. Er las die eine oder andere Inschrift auf den Grabsteinen und ging, ohne besondere Gefühle, an ihnen vorbei. Vor einem aber blieb er stehen. Er las:

Kann Leben sterben? Den ganzen Abend über hörte er in sich diesen Satz. Er schlief tief und fest.

In der Nacht hatte er einen Traum: Er taucht ins Meer ein. Irgendwann merkt er, dass er eine Grenze überschritten hat. Er taucht immer tiefer. Dass es eine Reise ohne Wiederkehr ist, wird ihm klar. Aber er hat keine Angst.

Erst jetzt kommt ihm die Erinnerung an Ingrids Sterben. Er schließt die Augen und sieht wieder jede Einzelheit der letzten Stunden: Vier Tage vor ihrem Tod bat ihn der Arzt in sein Zimmer, bot ihm einen Stuhl an, räusperte sich, sah Henry mit ernstem Gesicht an und sagte: »Es tut mir leid, aber ich muss Ihnen sagen, dass es mit Ihrer Frau bald zu Ende geht.« Es war, als würde ihm der Boden unter den Füßen weggezogen, auch wenn ihm bewusst war, dass der Tod nahe war. Grußlos verließ Henry das Arztzimmer und suchte eine stille Ecke auf, in der er sich setzen konnte. Nach wenigen Minuten raffte er sich auf und ging zu Ingrid zurück. Sie schlief. Er nahm ihre Hand. Schloss die Augen. Bilder vom Markt, auf dem sie beide zum ersten Mal einander nahe gewesen waren, hatte er vor sich, als würde er sie zum ersten Mal sehen. Dann der Tag, an dem Ingrid die Diagnose erhielt und er kurz darauf einen zwar ohnmächtigen, aber wilden Zorn fühlte, dem Krebs den Garaus machen zu wollen. Und nun saß er im Sterbezimmer seiner Frau und hielt wieder ihre Hand.

In Gedanken überfällt ihn die Frage: Wer wird wohl meine Hand halten, wenn der Tod kommt? Er schaut auf seine Hände, sieht die zahlreichen braunen Flecken, die hervorquellenden Venen und die rheumatischen Finger … Wer wird an jenem Tag diese Hände in die seinen nehmen? Einer meiner Jungs? Oder doch die Nachtschwester? Wer wäre stark und liebevoll genug, in seinen letzten Stunden bei ihm sein zu wollen?

Ein kalter Windzug holt ihn in die Gegenwart zurück. Die Stehlampe beleuchtet spärlich sein Zimmer. Aus der Hotelbar erklingt wieder Musik. Keine, die er kennt. Keine, die ihn jetzt trösten könnte. Ihm wird klar, dass seine Zeit in dieser Welt bald abgelaufen sein könnte.

Viel zu früh am Morgen – es ist der dritte Feriensonntag – weckt ihn die Putzfrau. Sie entschuldigt sich wegen der Störung. Dann schenkt sie ihm ein liebevolles Lächeln. Als sie gegangen ist, sagt er leise: Ich lebe ja noch.

Wie sieht meine Lebensbilanz aus?

Der Junge am Meer hatte etwas ganz Bestimmtes gesucht und gefunden: Muscheln. Und ich?, fragt sich Henry am Beginn seiner letzten, der fünften Urlaubswoche. Was steht denn als Bilanz *meines* Lebens?

Meine Kindheit war sehr schön. Mir fehlte nichts. Keiner soll mir etwas anderes einreden. Ich war fröhlich, von den Eltern beschützt, aber nicht übermäßig behütet. Ich war gern gesehen. In der Schule hätte ich mehr leisten können, trotzdem kam ich gut durch. Hatte ich Schwächen? Sicher. Wer hat die nicht? Vielleicht hatte ich es in meinem jungen Leben zu leicht.

Der Gipfel meines jungen Lebens war das Angebot Onkel Ferdis, seine Fabrik zu übernehmen. Henry hält inne. Der Gipfel? Wollte ich denn überhaupt? Meine Eltern hatten nicht mit mir darüber gesprochen, ob ich mein Leben für Maschinen hergeben wollte. Aber auch ich selbst hatte mir nicht genügend Gedanken darüber gemacht. Alles war so leicht gewesen. Eine andere Möglichkeit schien nicht infrage zu kommen – bis auf die Musik …

Henry denkt an das letzte Konzert zurück, das ihn ganz in seinen Bann gezogen hatte.

Mein Lehrer hatte mir eindringlich ein Musikstudium empfohlen. Hätte ich Musik studiert, wäre mein Leben ganz anders verlaufen. Ganz anders? Besser? Erfolgreicher? Fröhlicher? Verantwortungsvoller?

Henry schwirrt der Kopf. Er braucht jetzt den Wind und das Wasser. Und da es erst Nachmittag ist, entschließt er sich zu einem längeren Spaziergang am Meer. Wind und Wasser tun ihm wie immer gut. Sogar das Kreischen der Möwen genießt er. Und während er langsam am Wasser entlanggeht, kommt ihm plötzlich eine befreiende Einsicht: dass ihm sein Beruf ein Leben lang vieles erlaubt hat, so zum Beispiel, mehrere Wochen im Jahr Ferien an seinem geliebten Meer zu machen, seine Schönheit zu erleben, sich zu erholen und gesunden zu können. Zum ersten Mal seit Tagen empfindet er Zufriedenheit. Deutlich empfindet er auch, dass seine Reise in die Vergangenheit wichtig war, nun aber zu Ende gehen darf.

Dieses Mal freut er sich auf die Gegenwart der anderen Gäste beim Abendessen. Er plaudert, lässt sich von den Fahrten der anderen zu den Inseln erzählen, genießt das sorgsam vorbereitete Abendessen.

Als Henry wieder allein ist, schaut er in den Spiegel, lächelt sich an und spürt Freude über sich selbst. Doch noch einmal führen ihn seine Gedanken in die Kindheit zurück. War er nicht wunschlos glücklich gewesen? Schon, aber Bernhard hatte etwas Konkretes gehabt, etwas, das für ihn wichtiger war als alles andere: seine Philosophie. Sie füllte ihn aus. Und was füllt mich heute aus? Meine Liebe zu Ingrid. Meine Familie. Der Gedanke, mein Leben nicht verspielt zu haben. Und sonst? Dass mir das Leben nicht gleichgültig ist. Dass ich weiter ein Suchender bin. Dass ich dadurch lebendig bleibe.

Es ist schon spät am Abend. Im Hotel ist es still geworden. Der laue Sommerwind weht behutsam in Henrys Zimmer und umschmeichelt sein alt gewordenes Gesicht. Ohne nachzudenken, schließt er seine Augen. Zunächst flimmern Bilder vor seinen Augen, die er nicht erkennen kann. Dann sieht er sie klar … Ein Bild reiht sich an das andere. Bilder, die ihm sein ganzes Leben zeigen. Es ist, als habe sich der große Raum seiner Erinnerungen noch einmal ganz geöffnet: Zunächst sieht er den Jungen am Meer, dann den jungen Henry. Seine Eltern und Großeltern, Ingrid, seine beiden Söhne, die vier Enkel. Henry staunt und staunt. All diese Menschen gehörten und gehören zu seinem, Henrys Leben. Dann fühlt er tief im Herzen, was er so lange übersehen hat: Dankbarkeit. Und über allem zieht eine weiße Wolke hinweg, eine Wolke des Friedens.

Der Abschied vom Meer

Henrys Zug fährt erst um halb zwölf ab. Er hat also noch genügend Zeit, ein letztes Mal ans Meer zu gehen. Das Wasser hat sich weit zurückgezogen. Noch einmal kommt ihm der Junge am Strand in den Sinn. Angespannt schaut er dorthin, wo er ihn zu Beginn der Ferien gesehen hat. Und tatsächlich sieht er ihn, wie er sich nach rechts beugt, dann wieder nach links. Er sucht wohl wieder nach Muscheln. Henry überlegt dieses Mal nicht, ob er sich alles einbildet oder nicht. Er freut sich nur an der Wiederbegegnung. Und ehe er sich's versieht, sieht er auch den kleinen Henry wieder, lebendig, fröhlich, strahlend. Und Henry hört sich sagen: Wie gut, dass ich geboren wurde!

Nachwort

Liebe Leserin, lieber Leser,

ich wünsche Ihnen, dass auch Sie diesen Satz sagen können: »Wie gut, dass ich geboren wurde!«

Sie haben recht: Henrys Leben war äußerlich reich. Er hatte famose Eltern, ging mühelos durch die Schulzeit, übernahm ein florierendes Unternehmen, fand die Frau seines Lebens, wurde mit Söhnen und Enkeln beschenkt. Und doch: Es gab auch in diesem an sich reichen Leben Schwierigkeiten, die nicht leicht zu bewältigen waren. Denken Sie nur an den frühen Tod seiner geliebten Frau. Henry war zudem kein Mensch, der im Glauben Halt finden konnte. Und doch: Was wesentlich zu seinem gelungenen Leben beitrug, war seine Bereitschaft, in schwierigen Situationen nicht zu resignieren. Denn resignieren bedeutet – das hatte Henry tief begriffen –, auf die neuen Möglichkeiten, die das Leben bis zum Tod bietet, zu verzichten. Henry liebte das Leben, und daran hatte er selbst einen großen Anteil.

Ihnen, liebe Leserin, lieber Leser, ist sicher nicht entgangen, dass das geheime Thema dieses kleinen Buches das innere Kind Henrys war, jenes Kind, dessen Wurzeln einerseits im Erleben seiner Kindheit liegen, andererseits im ureigenen Kern seiner unverwechselbaren Persönlichkeit.

Ich wünsche Ihnen von Herzen jene Zuversicht, die uns Henry in diesem kleinen Buch so eindrucksvoll vermittelt hat.

Außerdem vom Autor lieferbar

Wie Sie beim Altern ganz sicher scheitern (2017)

Weil ich es dir nicht sagen konnte. Vom Schatten des Schweigens zur befreienden Wahrheit (2015)

Warum nicht. Über die Möglichkeit des Unmöglichen (2014)

Machen Sie sich bitte frei (2012)

Du bist viel mehr. Wie wir werden, was wir sein könnten (2010)

Warum es sich zu leben lohnt (2010)